MAGNIFICA HUMANITAS

CARTA ENCÍCLICA

MAGNIFICA HUMANITAS

DEL SANTO PADRE

LEÓN XIV

SOBRE LA CUSTODIA DE LA PERSONA HUMANA EN EL TIEMPO DE LA INTELIGENCIA ARTIFICIAL

Título original:
Carta encíclica
Magnifica humanitas
del Santo Padre León XIV
sobre la custodia de la persona humana
en el tiempo de la inteligencia artificial

© 2026 Dicastero per la Comunicazione
Libreria Editrice Vaticana
00120 Città del Vaticano
www.comunicazione.va

© Ediciones Mensajero, 2026
Grupo de Comunicación Loyola
Padre Lojendio, 2
48008 Bilbao – España
Tfno.: +34 944 470 358
info@gcloyola.com / gcloyola.com

Diseño de cubierta:
Félix Cuadrado Basas (*Sinclair*)

Impreso en España. *Printed in Spain*
ISBN: 978-84-271-5171-0
Depósito legal: BI-724-2026

Fotocomposición:
Marín Creación, S. C. – Burgos / www.marincreacion.com

Impresión y encuadernación:
Gráficas Fernan – Bilbao (Vizcaya) / graficasfernan.com

ÍNDICE

CONCLUSIÓN

INTRODUCCIÓN

1. La MAGNÍFICA HUMANIDAD que Dios ha creado se encuentra hoy ante una elección decisiva: levantar una nueva torre de Babel o edificar la ciudad donde Dios y la humanidad habiten juntos. Cada generación recibe como herencia la tarea de dar forma a su propio tiempo: hacer madurar la historia como un lugar donde se proteja la dignidad de cada persona, se promueva la justicia y se haga posible la fraternidad. Pero en cada época se cierne el riesgo de construir un mundo inhumano y más injusto. Allí donde la humanidad corre el peligro de perder su rostro, nosotros, los cristianos, alzamos los ojos hacia el Dios que se hizo carne, sabiendo que «el misterio del hombre solo se esclarece en el misterio del Verbo encarnado».[1] En Jesucristo, esta magnífica humanidad encuentra el camino, la verdad y la vida, abriendo a cada uno de nosotros la vía para crecer hacia la plenitud.

2. Cimentados en Cristo, la piedra viva, experimentamos la acción poderosa y misteriosa del Espíritu Santo, y creemos que todo esfuerzo humano auténtico por cooperar con Él en pro del bien será bendecido por el Padre celestial, en quien ponemos nuestra esperanza. Por este

---

[1] CONC. ECUM. VAT. II, Const. past. *Gaudium et spes*, 22: *AAS* 58 (1966), 1042.

motivo, podemos contribuir con determinación a todas aquellas iniciativas que construyen un mundo más justo, y podemos invitar a otros a colaborar con nosotros en la promoción del desarrollo integral de cada ser humano. Deseamos entrar en diálogo con todos los hombres y mujeres de nuestro tiempo, con quienes participamos juntos en los acontecimientos, las preguntas y las aspiraciones de la humanidad.[2] Queremos identificar, junto con ellos, nuevos caminos para el bien común y la promoción de una vida digna para todos. Esta actitud de diálogo es parte integrante de la vocación de la Iglesia, ya que ella, constituida «en Cristo como un sacramento, [ ] de la unión íntima con Dios y de la unidad de todo el género humano»,[3] reconoce en la historia el lugar donde el Evangelio interpela y acompaña la experiencia humana.

3. Con este espíritu, en 1891 León XIII publicó la Encíclica *Rerum novarum*, cuyo 135º aniversario celebramos este año con profunda gratitud. Con ese documento, mi querido predecesor impulsó aquella reflexión sobre la sociedad, la economía y la política que hoy llamamos "Doctrina social de la Iglesia". Y cuando algunos objetaban que la Iglesia no debía desperdiciar energías en cuestiones mundanas, sino preocuparse por comunicar un mensaje de vida eterna, él respondía con realismo y sabiduría que el anuncio del Evangelio no puede olvidar la vida concreta de los

---

[2] Cf. *ibíd.*, 11: *AAS* 58 (1966), 1033-1034.

[3] Conc. Ecum. Vat. II, Const. dogm. *Lumen gentium*, 1: *AAS* 57 (1965), 5.

pueblos.[4] Han pasado muchas décadas desde entonces, y el Magisterio, los pastores, los teólogos y los fieles han seguido reflexionando sobre las cuestiones sociales a la luz del Evangelio. Hoy, la Doctrina social de la Iglesia es un patrimonio de sabiduría, en el que encontramos principios para pensar, criterios para discernir y juzgar, y orientaciones concretas para actuar. Se fundamenta en la Sagrada Escritura y en la Tradición y, en diálogo con las ciencias, nos ayuda a leer con lucidez los desafíos del presente, identificando caminos adecuados para vivir un testimonio cristiano límpido, con alegría y al servicio del mundo. No es un conjunto estático de conceptos, sino un corpus vivo de verdades, que custodia e interpreta la vocación de la humanidad a una vida plena y justa. A esta tradición viva deseo, por tanto, sumar mi voz, invocando la asistencia del Espíritu de sabiduría, que habita en el mundo desde su creación (cf. *Pr* 8,22-31).

Las "res novae" de nuestro tiempo

4. Si en su momento León XIII hablaba de "nuevos asuntos" (*rerum novarum*), hoy no podemos limitarnos simplemente a repetir sus valiosas enseñanzas, sino que debemos pedirle a Dios la sabiduría para interpretar las grandes tendencias de nuestro tiempo, en particular los avances de la técnica. En los últimos años se ha hecho cada vez más evidente cuán rápida y profundamente la digitalización, la inteligencia artificial (IA) y la

---

[4] Cf. León XIII, Carta enc. *Rerum novarum* (15 mayo 1891), 22: *ASS* 23 (1890-1891), 653.

robótica están transformando nuestro mundo. La técnica no debe considerarse, en sí misma, como una fuerza antagónica respecto a la persona; por el contrario, está arraigada en nuestra historia desde el principio, en cuanto es «un hecho profundamente humano, vinculado a la autonomía y libertad del hombre».[5] A lo largo de los siglos, el desarrollo tecnológico ha contribuido a una mejora significativa de las condiciones de vida de la humanidad; al mismo tiempo, cada etapa del progreso también ha puesto de manifiesto el lado ambiguo de instrumentos capaces de causar daño cuando no se orientan hacia el bien. Hoy, sin embargo, nos encontramos ante una situación nueva, en la que el poder y la omnipresencia de las tecnologías emergentes se entrelazan con el tejido de la vida cotidiana, moldean los procesos de toma de decisiones e inciden profundamente en el imaginario colectivo: «Nunca la humanidad tuvo tanto poder sobre sí misma».[6] Las nuevas tecnologías abren un horizonte que se extiende en direcciones que, aunque intuibles, aún no podemos prever por completo. Esto hace que sea más complejo evaluar su impacto y sus efectos a largo plazo sobre la dignidad de las personas y el bien común.

5. Ahora nos corresponde asumir con lucidez y responsabilidad los retos de nuestro tiempo. Es necesario adoptar instrumentos normativos adecuados, capaces de salvaguardar la justicia y de

---

[5] Benedicto XVI, Carta enc. *Caritas in veritate* (29 junio 2009), 69: *AAS* 101 (2009), 702.

[6] Francisco, Carta enc. *Laudato si'* (24 mayo 2015), 104: *AAS* 107 (2015), 888.

contener los efectos distorsionadores del poder tecnológico. Pero la cuestión no se limita a la regulación. Como advertía el Papa Francisco, debemos preguntarnos con realismo quién detenta hoy ese poder y hacia qué fines lo orienta: «No podemos ignorar que la energía nuclear, la biotecnología, la informática, el conocimiento de nuestro propio ADN y otras capacidades que hemos adquirido [] dan a quienes tienen el conocimiento, y sobre todo el poder económico para explotarlo, un dominio impresionante sobre el conjunto de la humanidad y del mundo entero».[7] En el pasado, eran principalmente los estados los que impulsaban y orientaban la innovación. Hoy, en cambio, los principales motores del desarrollo son actores privados, a menudo transnacionales, dotados de recursos y capacidad de acción superiores a los de muchos gobiernos. El poder tecnológico adquiere así un rostro inédito, predominantemente "privado", y por ello aún más difícil de discernir, gobernar y orientar hacia el bien común.

6. Por esta razón es preciso iniciar un discernimiento compartido capaz de profundizar en las raíces espirituales y culturales de las transformaciones que se están produciendo. Si nos limitamos a las circunstancias contingentes, corremos el riesgo de dejar que la sucesión de emergencias decida por nosotros la dirección del camino. Estamos viviendo una rápida fase de transición, un "cambio de época" en el que –mientras algunos se disputan el futuro de las nuevas tecnologías

---

[7] *Ibíd.*

y otros se dedican a reflexionar sobre ellas– la mayoría de las personas permanece a la espera, observa desde lejos y simplemente aguarda a que todo salga bien. Precisamente por eso se imponen en nuestra conciencia preguntas decisivas, que ya no pueden eludirse: ¿hacia dónde vamos? ¿Hacia qué meta deseamos orientarnos? ¿Qué dirección elegir como comunidad humana y como pueblos?

Dos imágenes bíblicas

7. Para responder a estas preguntas y discernir cómo vivir con responsabilidad en la era de la IA, me gustaría evocar dos imágenes bíblicas: la construcción de la torre de Babel (cf. *Gn* 11,1-9) y la reconstrucción de los muros de Jerusalén (cf. *Ne* 2-6). En el libro del Génesis, el relato de Babel se sitúa en los orígenes de la humanidad, inmediatamente después de las genealogías de los hijos de Noé. Los seres humanos, habiéndose establecido en la llanura de Senaar, deciden construir una ciudad y una torre «cuya cúspide llegue hasta el cielo» (*Gn* 11,4). Quieren así asegurarse estabilidad y poder, y sobre todo "perpetuarse un nombre", temiendo ser dispersados por la tierra. La empresa parece imponente: una sola lengua, una sola tecnología, una sola dirección. Sin embargo, el proyecto esconde un profundo engaño: es una obra concebida sin referencia a Dios, sustentada por una uniformidad que elimina la diversidad y que, en lugar de la comunión, elige la homogeneización. Cuando la ciudad se edifica sobre el orgullo y la pretensión de bastarse a sí misma, la comunicación se

rompe, las lenguas se confunden y los seres humanos ya no se comprenden. El resultado no es la unidad, sino la dispersión. Babel revela así el límite de toda construcción que, por grandiosa que sea, surge de la absolutización de lo humano y de su pretensión de autosuficiencia, sacrifica la dignidad de las personas en aras de la eficiencia y aspira a alcanzar el cielo sin la bendición de Dios.

8. El libro de Nehemías, a su vez, comienza en un momento de gran vulnerabilidad en la historia del antiguo Israel. Tras el exilio babilónico, una parte del pueblo ha regresado a Jerusalén, pero la ciudad sigue en ruinas, las murallas se han derrumbado y las puertas han sido quemadas (cf. *Ne* 1-2). Nehemías, un judío al servicio del rey persa Artajerjes, recibe la noticia del desastroso estado de la ciudad de sus padres. Antes de actuar, ayuna, reza e intercede por el pueblo; luego pide permiso al rey para regresar a Jerusalén y, una vez allí, examina en silencio los lugares destruidos. No impone soluciones desde lo alto. Convoca a las familias, confía a cada una un tramo de muralla para reconstruir, escucha los temores, coordina los esfuerzos y hace frente a las oposiciones. El relato muestra cómo la ciudad renace no gracias a la iniciativa de una sola persona, sino a través de la responsabilidad compartida de todo el pueblo: sacerdotes, artesanos, jefes de familia, mujeres y jóvenes. Es una obra que tiene a Dios en el centro y reconstruye los vínculos incluso antes que las piedras. La antigua Jerusalén recupera así un lenguaje común, no el de la

uniformidad, sino el de la comunión: la armonía que nace cuando cada uno asume su parte y todo el pueblo reconoce que su fuerza viene del Señor.

9. A la luz de estas dos imágenes, el Espíritu Santo hoy nos interpela acerca de nuestra relación con la tecnología y con la revolución digital en curso. Los descubrimientos científicos son un talento entregado a la humanidad para que lo haga fructificar (cf. *Mt* 25,14-30). La tecnología puede curar, conectar, educar, cuidar la Casa común; pero también puede dividir, descartar, generar nuevas injusticias. En abstracto, esta, en sí misma, no es una solución a los problemas de la humanidad, como tampoco es un mal en sí misma; pero, concretamente, no es neutral, porque toma el rostro de quien la concibe, la financia, la regula, la utiliza. Por eso, la primera elección no es entre un "sí" o un "no" a la tecnología, sino entre construir Babel o reconstruir Jerusalén: entre un poder que pretende dominar el cielo y un pueblo que, en presencia de Dios, se pone a trabajar unido para levantar de nuevo las murallas de la convivencia fraterna.

10. Evitemos, por tanto, el "síndrome de Babel": la idolatría del lucro que sacrifica a los débiles, la uniformidad que aplana las diferencias, la pretensión de un lenguaje único —incluso digital— capaz de traducirlo todo, incluso el misterio de la persona, en datos y rendimientos. Este es el riesgo de la deshumanización —construir el futuro excluyendo a Dios y reduciendo al otro a un medio—, una tentación antigua y siempre nueva, que hoy también

toma un rostro técnico. Elijamos, en cambio, el "camino de Nehemías", que pone de relieve el valor del trabajo compartido para hacer que la ciudad de Dios sea un lugar seguro para los exiliados que regresaron. Hoy, reconstruir significa reconocer que, en la pluralidad de voces y visiones que a veces recuerda la dispersión de las lenguas, existe, sin embargo, una posibilidad luminosa: la de edificar juntos, transformando la diversidad en un recurso y haciendo de la escucha y del diálogo el terreno común en el cual hacer crecer la justicia y la fraternidad. Y, en esta obra compartida, los cristianos encuentran su propia forma de construir: orientar la acción hacia Dios, para que, bajo su luz, el pluralismo no se disperse en el desorden, sino que, en la práctica de la sinodalidad, se convierta en el espacio en el que la humanidad recupere sus cimientos sólidos y su fin último. En el Apocalipsis, Juan ve la nueva Jerusalén «que descendía del cielo y venía de Dios» (*Ap* 21,2) como un regalo para toda la humanidad. Y esta visión de gracia es para nosotros, los cristianos, una llamada a trabajar juntos, cultivando una vida común pacífica, justa y digna en las "ciudades" de hoy.

Edificar en el bien

11. Edificar una ciudad centrada en el bien común exige, ante todo, edificar sobre la roca de la relación con Dios. Significa reconocer que la verdad de su amor nos llama a una vida «en abundancia» (*Jn* 10,10) y a la comunión con Él. Junto con san Agustín, también nosotros podemos decir: «porque nos has hecho para ti y nuestro

corazón está inquieto hasta que descanse en ti».[8] En efecto, Dios ha inscrito en nuestro corazón un deseo de felicidad que abraza todas las dimensiones de la vida; y la Iglesia, en el diálogo con los hombres y las mujeres de nuestro tiempo, siente la urgencia de custodiar y orientar esa aspiración hacia su verdad más profunda.

12. En segundo lugar, edificar en el bien significa aceptar los límites y la fragilidad de la humanidad sin considerarlos un error que haya que corregir. Hoy en día, el deseo de plenitud del ser humano corre el riesgo de desviarse hacia metas engañosas: la ilusión de una tecnología que promete liberarnos de toda fragilidad o modelos de bienestar que "dejan atrás" a pueblos enteros. No es raro que pongamos nuestra esperanza en un potencial ilimitado, en formas de progreso que pueden agudizar las desigualdades, en soluciones inmediatas incapaces de sanar las heridas de los pueblos. Así, mientras algunos persiguen la quimera de una autoafirmación ilimitada, muchos carecen de lo necesario. La Iglesia recuerda, con voz humilde pero firme, que la verdadera realización no nace de la eliminación de las fragilidades, sino de un crecimiento armonioso: allí donde la libertad y la responsabilidad se entrelazan con el cuidado recíproco y la verdadera solidaridad, y donde el progreso se mide por la dignidad de cada uno y por el bien de los pueblos.

---

[8] S. Agustín, *Confesiones*, I, 1, 1: *CCSL* 27, Turnhout 1981, 1.

13. En tercer lugar, edificar un mundo en el que todos puedan "florecer" exige una corresponsabilidad valiente. Ninguna mano, por sí sola, basta para sostener el peso de los desafíos que atraviesa el mundo; y ninguna es tan débil como para no poder ofrecer su contribución: «Mi poder triunfa en la debilidad» (*2 Co* 12,9). A cada uno corresponde su tramo de muralla: científicos e investigadores, empresarios y trabajadores, educadores y legisladores, sociedad civil, movimientos populares y comunidades de fe. Esta es la lógica de la subsidiariedad, que valora la cooperación entre generaciones, entre pueblos, entre disciplinas y culturas como el camino privilegiado para hacer crecer la estabilidad, la prosperidad y la paz. Las tensiones y las diferencias no deben intimidar; pueden convertirse en energías creativas cuando están orientadas por una responsabilidad compartida.

14. Por último, edificar en el bien requiere un lenguaje evangélico. Evitemos las palabras que humillan o enfrentan. Optemos por la claridad que ilumina y la franqueza que abre caminos. No bendigamos entusiasmos ingenuos ni alimentemos miedos estériles. Más bien, indiquemos criterios de discernimiento –la dignidad de la persona, el destino universal de los bienes, la opción por los pobres, el cuidado de la Casa común, la paz– y traduzcámoslos en prácticas: planificación responsable, evaluaciones del impacto humano y social, inclusión de los más frágiles, alfabetización digital, investigación e industria orientadas a la justicia y la paz.

15. En el reciente Jubileo ordinario del 2025, hemos caminado como peregrinos de la esperanza y hemos sido colmados de gracias. Fortalecidos por estos dones, podemos avanzar con ánimo confiado ante las arduas tareas y los exigentes desafíos que se perfilan en nuestro futuro. En la era de la inteligencia artificial, en la que la dignidad humana corre el riesgo de verse eclipsada por nuevas formas de deshumanización, tenemos el deber urgente de permanecer profundamente humanos, custodiando con amor esa magnífica humanidad que se nos ha dado y revelado en plenitud en Cristo, y que ninguna máquina podrá jamás sustituir en su esplendor. El verdadero progreso nace siempre de un corazón abierto al otro, de una inteligencia dispuesta a escuchar, de una voluntad que busca lo que une más que lo que separa.

16. A todos los fieles católicos, a todos los cristianos, a todos los hombres y mujeres de buena voluntad les dirijo un vehemente llamamiento: no temamos ensuciarnos las manos en la obra de nuestro tiempo. Como Nehemías, oremos, proyectemos con sabiduría, trabajemos con perseverancia, poniendo a Dios en el horizonte de nuestro actuar y al ser humano en el centro de nuestras decisiones. Entonces las piedras desechadas —los pobres, los enfermos, los migrantes, los pequeños— se convertirán en piedras angulares, y sobre la tierra surgirá un hogar común sólido y hospitalario, donde el amor y la verdad finalmente se encontrarán, y la justicia y la paz se besarán (cf. *Sal* 85,11).

Esta es la bendición que imploramos a Dios y la tarea que tenemos por delante: ser constructores de comunión, no arquitectos de Babel; siervos del Reino que viene, no dueños de torres destinadas a derrumbarse. Y, con ánimo de pastor y de padre, pido a todos que detengan la construcción de la enésima Babel y que unan fuerzas para edificar en el bien, para que la humanidad nunca pierda su propia belleza y el mundo pueda reconocer una vez más, en el corazón del ser humano, el lugar donde Dios desea habitar.

UN PENSAMIENTO DINÁMICO FIEL AL EVANGELIO

17. En este primer capítulo mi intención es recorrer, de manera sintética, el camino a través del cual la Doctrina social de la Iglesia ha ido tomando forma en el Magisterio reciente de los Papas y del Concilio Vaticano II, para poner de relieve su carácter dinámico. En cada época, de hecho, las *res novae* instan a esta enseñanza a medirse con las preguntas de la historia a la luz de la Verdad revelada. Por eso, también la IA debe entenderse no como un apéndice temático, o como una emergencia que hay que gestionar, sino como una transformación que interpela desde dentro las categorías de la Doctrina social y exige un mayor desarrollo de la misma, en fidelidad al Evangelio.

18. Sin embargo, este itinerario no sería realmente comprensible si, antes de detenernos en la contribución de cada uno de los Pontífices y en los documentos más relevantes, no aclaráramos algunas convicciones fundamentales sobre la forma en que la Iglesia habita la historia y se relaciona con el mundo. Sin esta aclaración, la Doctrina social correría el riesgo de parecer una injerencia indebida en cuestiones temporales o un código ético externo que se aplica arbitrariamente. En realidad, surge de una Iglesia que camina con la

humanidad, reconoce la autonomía de las realidades terrenas y la distinción entre comunidad eclesial y comunidad política y, precisamente por eso, aspira a servir al bien común.

19. La Iglesia, presente en el mundo como signo de unidad para toda la familia humana, reconoce en los interrogantes y los desafíos de la época actual el ámbito en el cual ejercer su vocación a la escucha, al diálogo y al servicio, dejándose interpelar por todo lo que concierne a la existencia de los hombres y las mujeres de hoy. Este entrelazamiento de vida con los pueblos le hace comprender cada vez más que su misión tiene un alcance histórico e implica una responsabilidad respecto a la forma en que se tejen las relaciones sociales. Por ello no puede considerarse ajena a las dinámicas que configuran el rostro de la sociedad. Más bien, participa con compromiso en los caminos a través de los cuales la sociedad misma crece y se organiza, y ofrece su contribución al logro de una convivencia más justa y fraterna. El Papa Francisco recordaba con fuerza esta dimensión histórica de la misión eclesial, señalando que «nadie puede exigirnos que releguemos la religión a la intimidad secreta de las personas, sin influencia alguna en la vida social y nacional, sin preocuparnos por la salud de las instituciones de la sociedad civil, sin opinar sobre los acontecimientos que afectan a los ciudadanos».[9]

---

[9] Francisco, Exhort. ap. *Evangelii gaudium* (24 noviembre 2013), 183: *AAS* 105 (2013), 1097.

20. La llamada y el compromiso de caminar con la humanidad en lo concreto de la historia llevan a la Iglesia a reconocer que las realidades terrenas poseen una consistencia y un orden propio. El Concilio Vaticano II expresó con especial precisión este principio en la Constitución pastoral *Gaudium et spes*, cuyo 60° aniversario celebramos con grato recuerdo el pasado 7 de diciembre de 2025: «Si por autonomía de la realidad se quiere decir que las cosas creadas y la sociedad misma gozan de propias leyes y valores, [ ] es absolutamente legítima esta exigencia de autonomía».[10] Este énfasis pone de manifiesto que la creación lleva impresa una bondad originaria que la mirada humana debe custodiar, cultivar y hacer madurar. En este horizonte, la Iglesia se ofrece como una presencia que ayuda a leer en profundidad la realidad, sosteniendo con humilde firmeza aquellas decisiones que promueven la dignidad de cada persona, la cohesión de las comunidades y el bien de todos. Así, se sitúa a la par del mundo sin imponerse sobre él, para que en cada acontecimiento humano pueda germinar la promesa de justicia y paz que el Espíritu Santo sigue suscitando en el corazón de la humanidad.

21. Al reconocer que Dios acompaña la libertad de los seres humanos en el desarrollo de la historia, el Concilio Vaticano II afirmaba la distinción entre comunidad eclesial y comunidad política, subrayando que cada una de ellas debe actuar con

---

[10] CONC. ECUM. VAT. II, Const. past. *Gaudium et spes*, 36: *AAS* 58 (1966), 1054; cf. ID., Decr. *Apostolicam actuositatem*, 7: *AAS* 58 (1966), 843-844.

la más plena autonomía. La presencia de la Iglesia en el mundo se expresa así también en su relación con la sociedad civil y con las instituciones públicas. Al dialogar con ellas, la Iglesia reconoce el valor de las realidades sociales y políticas y respeta su propia responsabilidad, apoyando todo lo que protege la vida de las personas y fortalece los cimientos del tejido social. No pretende asumir las funciones que competen al Estado; por el contrario, valora su servicio al bien común y reconoce con convicción la responsabilidad que las instituciones civiles ejercen en la sociedad. Al mismo tiempo, la misión que se le ha confiado la lleva a no permanecer distante de los sufrimientos concretos de los hombres y mujeres de nuestro tiempo. Su cercanía no nace de la intención de suplir a las instituciones, ni mucho menos de una crítica implícita a su labor, sino de la caridad evangélica que la impulsa a acercarse a las heridas de la humanidad en los momentos en que estas se manifiestan con mayor gravedad. Cuando interviene, lo hace imitando al buen samaritano, con discreción y cercanía, consciente de que lo que surge de una necesidad inmediata no puede convertirse en norma, ni sustituir las responsabilidades institucionales propias de la comunidad civil.

22. A partir de este doble reconocimiento –la autonomía de las realidades terrenas y la distinción de competencias entre la comunidad eclesial y la política– se comprende mejor la orientación que el Concilio Vaticano II ha dado a la Iglesia en su relación con el mundo. *Gaudium et spes* recuerda que «es propio de todo el Pueblo de Dios,

pero principalmente de los pastores y de los teólogos, auscultar, discernir e interpretar, con la ayuda del Espíritu Santo, las múltiples voces de nuestro tiempo y valorarlas a la luz de la Palabra de Dios, a fin de que la Verdad revelada pueda ser mejor percibida, mejor entendida y expresada en forma más adecuada».[11] Escuchar los "diferentes lenguajes" no es una mera atención sociológica, sino que implica un discernimiento espiritual en el que, con la ayuda del Espíritu, el Pueblo de Dios reconoce en las transformaciones culturales y sociales tanto los signos de la presencia de Cristo, que viene y guía la historia hacia su plenitud, como aquellas desviaciones que oscurecen su rostro. Así, la Verdad revelada no se modifica en su núcleo esencial, sino que se explicita y se asume como criterio vivo para orientar elecciones concretas, inspirar caminos de conversión personal y comunitaria, promover reformas de las estructuras y apoyar nuevas formas de testimonio evangélico en la vida pública. La historia es, por tanto, uno de los lugares en los que la Iglesia se deja instruir por el Espíritu sobre el alcance humanizador del Evangelio y aprende a adaptar su enseñanza al servicio de la dignidad de cada persona y del bien de los pueblos.

La sabiduría de la Palabra y el diálogo con las ciencias humanas

23. La Iglesia considera compañeros de camino a todos aquellos que buscan sinceramente «la

<hr>

[11] Conc. Ecum. Vat. II, Const. past. *Gaudium et spes*, 44: *AAS* 58 (1966), 1065.

verdad, la bondad y la belleza», considerándolos «preciosos aliados»[12] en la defensa de la dignidad de cada persona y en la custodia de la creación. Asumiendo el estilo pastoral del Concilio Vaticano II, que invita a escuchar, discernir e interpretar los signos de los tiempos, la Iglesia, iluminada por la sabiduría de la Palabra, no teme el encuentro con el saber humano. La Palabra de Dios ofrece criterios fiables para orientar los caminos de la justicia y abrir vías de reconciliación y paz entre los seres humanos. Cuando se trata de aplicar estos criterios a las complejas situaciones de nuestro tiempo, resulta esencial la contribución de la filosofía y de las ciencias humanas y sociales, que ayudan a comprender y analizar más a fondo las dinámicas culturales, económicas y políticas. San Juan Pablo II recordaba que la Iglesia acoge la aportación de las ciencias sociales «para sacar indicaciones concretas que le ayuden a desempeñar su misión de Magisterio».[13] El diálogo con esos conocimientos no resta fuerza al Evangelio; al contrario, permite identificar con mayor claridad lo que realmente promueve la vida de las personas y las comunidades. El Papa Francisco, en consonancia con esta perspectiva, subrayaba que, en muchas cuestiones específicas, la Iglesia no pretende ofrecer «una palabra definitiva»,[14] pero reconoce la importancia de prestar atención a la

---

[12] FRANCISCO, Exhort. ap. *Evangelii gaudium* (24 noviembre 2013), 257: *AAS* 105 (2013), 1123.

[13] S. JUAN PABLO II, Carta ap. en forma de Motu proprio *Socialium scientiarum* (1 enero 1994): *AAS* 86 (1994), 209.

[14] FRANCISCO, Carta enc. *Laudato si'* (24 mayo 2015), 61: *AAS* 107 (2015), 871.

investigación científica y de fomentar un diálogo serio y leal entre los académicos, aceptando la diversidad de opiniones.

24. Alimentada por este diálogo fecundo entre el Evangelio y los conocimientos humanos, la Iglesia ha profundizado progresivamente en su Doctrina social, madurando con el tiempo un patrimonio de sabiduría dotado de una coherencia teológica y antropológica arraigada en la visión cristiana de la persona. Precisamente porque nace de la fe y de su comprensión de la realidad, este patrimonio no se traduce en un repertorio de soluciones técnicas ni en un modelo económico o político que se oponga a otros: tiene una categoría propia,[15] la de los principios que orientan la lectura de los acontecimientos y sustentan una interpretación evangélica de los procesos históricos y de las decisiones que estos implican. De ahí surge la función propia de la Doctrina social, que no pretende sustituir las responsabilidades de la política y de las instituciones, sino que se ofrece como apoyo al discernimiento común, ayudando a reconocer y promover lo que contribuye a la dignidad de las personas, a la vitalidad de las comunidades y al bien de todos.

La Doctrina social como discernimiento comunitario

25. La comprensión de la verdad como un don que hay que compartir y no como una posesión que hay que reclamar, libera a la Iglesia de la

---

[15] Cf. S. Juan Pablo II, Carta enc. *Sollicitudo rei socialis* (30 diciembre 1987), 41: *AAS* 80 (1988), 570-572.

tentación de añorar formas de presencia basadas en el poder. San Juan Pablo II invitaba a mirar con sinceridad hacia aquellos tiempos en los que se cedió a «métodos de intolerancia e incluso de violencia en el servicio a la verdad»,[16] para reencontrar el camino evangélico del anuncio apacible y de la verdad que no se impone. En la misma línea, he reiterado que la Iglesia «no quiere levantar la bandera de la posesión de la verdad»,[17] porque la verdad no es un territorio que hay que defender, sino un bien que hay que compartir. Esta misma perspectiva la resumió el Papa Francisco en sus famosas palabras, según las cuales «el tiempo es superior al espacio»:[18] lo importante no es, ante todo, ocupar puestos de poder o controlar bastiones culturales, sino iniciar procesos de bien y dejar que maduren; así, la verdad del Evangelio no se impone desde lo alto, sino que crece con el tiempo, en el entretejido concreto de las vidas, las comunidades y las culturas. Es una verdad que no teme a la diversidad, sino que la acoge y la ordena; que no elimina los conflictos, sino que los transfigura; que recompone lo que la historia tiende a dispersar. De ahí también la imagen del poliedro, una figura de muchas caras donde se refleja, desde diferentes ángulos, la misma verdad del Evangelio.[19]

---

[16] ID., Carta ap. *Tertio millennio adveniente* (10 noviembre 1994), 35: *AAS* 87 (1995), 27.

[17] *Discurso a la Fundación Centesimus Annus Pro Pontifice* (17 mayo 2025): *AAS* 117 (2025), 696.

[18] FRANCISCO, Exhort. ap. *Evangelii gaudium* (24 noviembre 2013), 222: *AAS* 105 (2013), 1111.

[19] Cf. *ibíd.*, 236: *AAS* 105 (2013), 1115; ID., Carta enc. *Fratelli tutti* (3 octubre 2020), 215: *AAS* 112 (2020), 1045-1046.

26. Esta actitud de apertura a la verdad, única y a la vez multifacética, expresa en lo más profundo la catolicidad de la Iglesia, que abarca a toda la familia humana y, al mismo tiempo, vive inmersa en las condiciones concretas de los pueblos y las culturas. El Concilio Vaticano II recuerda que, precisamente en virtud de esta catolicidad, «cada una de las partes colabora con sus dones propios con las restantes partes y con toda la Iglesia»,[20] y que, de este modo, tanto en su conjunto como en cada comunidad individual, crece gracias a un intercambio recíproco y a un esfuerzo mutuo hacia una comunión cada vez más plena. De ello se desprende que el Pueblo de Dios no solo está compuesto por muchos pueblos, sino que en su interior está tejido de funciones, vocaciones, culturas y tradiciones diversas, llamadas a apoyarse y enriquecerse mutuamente. En esta perspectiva, san Pablo VI reconocía que, dada la gran variedad de situaciones históricas, no es realista pensar que la Doctrina social pueda «pronunciar una palabra única»,[21] una respuesta exclusiva y válida para todos los contextos; por eso invitaba a cada comunidad cristiana a leer con lucidez y responsabilidad la realidad de su propio país. La tensión fecunda entre la universalidad de la misión y el arraigo local forma parte íntima de la vida de la Iglesia: ella lleva en su aliento el horizonte del mundo entero, pero asume las preguntas de cada contexto como el lugar real en el que el Evangelio cobra vida.

---

[20] Conc. Ecum. Vat. II, Const. dogm. *Lumen gentium*, 13: *AAS* 57 (1965), 17.

[21] S. Pablo VI, Carta ap. *Octogesima adveniens* (14 mayo 1971), 4: *AAS* 63 (1971), 403.

27. A la luz de lo dicho hasta ahora, la Doctrina social de la Iglesia se muestra en su faceta más auténtica: no es un manual de principios y normas que hay que aplicar, sino un camino de discernimiento comunitario. Nace del encuentro entre la verdad eterna del Evangelio y las preguntas de la historia, se deja interpelar por los signos de los tiempos; se nutre de la contribución de las ciencias, las culturas y las experiencias humanas. Por eso, cuando la dignidad de los hermanos se ve desfigurada, cuando la política no responde a los dramas de la humanidad, cuando la economía se vuelve contra la persona o la ciencia traspasa los límites de su método,[22] la Iglesia –junto con las demás confesiones cristianas y los creyentes de otras religiones– debe hacer oír su voz no para dominar, sino para servir a la comunión. Entendida así, la Doctrina social se convierte en una teología de la comunión en la historia; un lugar en el que la Palabra, hecha carne, sigue convirtiéndose en diálogo, memoria y profecía.

El desarrollo del Magisterio social desde León XIII hasta hoy

28. Tras haber recordado la forma en que la Iglesia se sitúa en la historia y entabla diálogo con el mundo, deseo ahora detenerme en el desarrollo de la Doctrina social en el Magisterio, que, desde el siglo XIX hasta nuestros días, ha acompañado las grandes transformaciones sociales. Evidentemente, no podré dar cuenta de toda la riqueza de

---

[22] Cf. Francisco, Exhort. ap. *Evangelii gaudium* (24 noviembre 2013), 243: *AAS* 105 (2013), 1118.

esta enseñanza, cuyos principios fundamentales se presentan en el *Compendio de la doctrina social de la Iglesia* y se profundizan aún más en el Magisterio reciente. Tampoco podré retomar de manera sistemática lo que se ha elaborado en las Encíclicas de mis últimos venerados Predecesores, en particular en *Laudato si'* y en *Fratelli tutti*. Sin embargo, quiero recordar algunas líneas esenciales, para mostrar que lo que escribo se coloca en continuidad con esta tradición y, al mismo tiempo, para destacar cómo en ella el núcleo estable de las verdades reveladas sobre la persona y la convivencia humana se entrelaza con una capacidad siempre renovada de escuchar las situaciones históricas y de dejarse interpelar por las preguntas que surgen del presente. Recorreré, por tanto, algunas etapas decisivas de este desarrollo, comenzando por la etapa inaugurada por la Encíclica *Rerum novarum*.

Los primeros pasos de la Doctrina social de la Iglesia

29. Lo que hoy llamamos "Doctrina social de la Iglesia" no surge de improviso en la era contemporánea, sino que recoge y organiza una larga tradición de reflexión eclesial sobre la vida social, que hunde sus raíces en la Sagrada Escritura, en los Padres de la Iglesia y en las elaboraciones teológicas y jurídicas de la Edad Media y la Edad Moderna. La expresión "Doctrina social de la Iglesia" fue empleada por primera vez por Pío XII en 1950,[23] pero el contenido que

---

[23] Cf. Pío XII, Exhort. ap. *Menti Nostrae* (23 septiembre 1950): *AAS* 42 (1950), 657-702.

encierra, entendido como un corpus orgánico de enseñanzas sociales, comenzó a perfilarse con la Encíclica *Rerum novarum* de León XIII. Ante los "nuevos asuntos" de su tiempo –el conflicto entre el capital y el trabajo, la cuestión obrera, las transformaciones económicas y sociales–, León XIII no se limitó a constatar el malestar, sino que asumió esas situaciones como ámbito de la misión pastoral de la Iglesia, las sometió a un discernimiento riguroso e iluminó sus causas y las posibles vías de salida a la luz del Evangelio y de una visión integral de la persona, creada a imagen de Dios. San Juan Pablo II vio en esta forma de proceder un «paradigma permanente»[24] de la Doctrina social: una praxis ejemplar mediante la cual la Iglesia, ante las transformaciones históricas, ejerce su derecho y deber de examinar las realidades sociales, pronunciarse sobre ellas e indicar caminos hacia una solución justa. De este modo, los contenidos perennes de la fe y de la antigua sabiduría eclesial se articulan en una doctrina viva que, permaneciendo fiel al Evangelio, crece en el diálogo con los "nuevos asuntos" de cada época.

30. La Encíclica *Rerum novarum* de León XIII constituye un hito en la evolución del Magisterio social. El documento sitúa en el centro de su reflexión la dignidad del trabajo y del trabajador, afirma el derecho a un salario justo para uno mismo y para la propia familia, reconoce en las personas un valor esencial que prevalece sobre el capital y el beneficio, defiende la propiedad privada

---

[24] S. JUAN PABLO II, Carta enc. *Centesimus annus* (1 mayo 1991), 5: *AAS* 83 (1991), 799.

junto con su indispensable función social, aprecia las asociaciones de trabajadores y propone formas de colaboración entre los diversos componentes de la sociedad como alternativa a la lógica de la "lucha de clases". No sorprende, por tanto, que Pío XI la haya definido como la «*Magna Charta*»[25] de la acción social de los cristianos: en *Rerum novarum*, la sabiduría ancestral de la Iglesia sobre la persona y la vida en sociedad adquiere una nueva forma, capaz de enfrentarse a la era industrial y de ofrecer el primer gran marco sistemático de esa Doctrina social que las décadas siguientes desarrollarían aún más. Aunque muchas de las condiciones históricas descritas por León XIII han cambiado, al menos dos de sus principios siguen siendo de gran actualidad: la primacía del trabajo humano sobre cualquier lógica puramente productiva o financiera, con la consiguiente atención a las personas y a las familias más expuestas a la explotación, y el vínculo indisoluble entre el anuncio evangélico y la búsqueda de un orden social más justo. Así, *Rerum novarum* sigue recordándonos que no hay auténtica evangelización que no toque también las estructuras de la convivencia humana.

31. La Encíclica *Quadragesimo anno* de Pío XI, publicada en 1931 con motivo del 40° aniversario de *Rerum novarum* y en pleno apogeo de la gran crisis económica mundial, da un paso más en el desarrollo del Magisterio social. No se limita a retomar la "cuestión obrera", sino que amplía

---

[25] Pío XI, Carta enc. *Quadragesimo anno* (15 mayo 1931), 39: *AAS* 23 (1931), 189; cf. Pío XII, *Radiomensaje en el 50° aniversario de la "Rerum novarum"*: *AAS* 33 (1941), 198.

su mirada a la configuración general del orden económico y político. Denuncia la concentración del poder económico en manos de unos pocos; critica tanto la competencia sin límites como aquellos proyectos colectivistas que anulan la libertad y la responsabilidad de las personas; recuerda con fuerza el derecho de asociación de los trabajadores y reitera la exigencia de que el salario sea proporcional no solo al rendimiento, sino a las necesidades del trabajador y de su familia. En este marco, formula de manera sistemática el principio de subsidiariedad, destinado a convertirse en uno de los referentes fijos de la Doctrina social, según el cual lo que puede ser realizado por las personas, las familias, los organismos intermedios y las comunidades locales no debe ser absorbido por instancias superiores. Junto a estas contribuciones, Pío XI recuerda con claridad la función social de la propiedad y, con diversas intervenciones de su Magisterio –desde las Encíclicas *Non abbiamo bisogno* y *Mit brennender Sorge* hasta la *Divini Redemptoris*–, denuncia los totalitarismos que atropellan la dignidad de la persona, sofocan la vida social, exaltan al Estado por encima de su justo valor y adoptan la categoría discriminatoria de la raza. Para nuestra época siguen siendo particularmente actuales al menos tres intuiciones de su enseñanza social: la conciencia de que las injusticias no se refieren solo a los comportamientos individuales, sino también a las estructuras económicas e institucionales; el valor del principio de subsidiariedad, que invita a fortalecer el tejido asociativo y comunitario, evitando nuevas concentraciones de poder; y el vínculo entre la dignidad del trabajo, la justa remuneración y la posibilidad real para las familias de llevar una vida humana digna.

32. En el contexto dramático de la Segunda Guerra Mundial y de los años de la reconstrucción, el Magisterio de Pío XII ofrece una contribución significativa al desarrollo de la Doctrina social, sobre todo a través de los Mensajes radiofónicos navideños, en los que esboza las líneas generales de un orden internacional basado en el reconocimiento de la dignidad humana, la justicia y la paz. En esas ocasiones, el Papa propone un diálogo con la sociedad a partir de una exigente referencia al derecho natural, entendido como un conjunto de principios objetivos que preceden a los intereses de los individuos y de los estados y que deben regular la vida interna de las naciones y sus relaciones recíprocas. Pío XII atribuye además un papel decisivo a las asociaciones profesionales, a las uniones de trabajadores y a los diversos cuerpos intermedios de la vida económica y social, reconociendo en estas formas organizadas de la sociedad un baluarte esencial para el equilibrio civil y para la tutela del bien común. Él sostiene la necesidad de un estado de derecho sólido para prevenir los abusos de poder y reconoce en la democracia un instrumento adecuado para favorecer el ejercicio correcto de la autoridad. Al mismo tiempo, advierte contra toda pretensión de fundar el derecho en el interés o en la fuerza, recordando que un orden internacional regulado por el beneficio de los más fuertes expone a los pueblos más débiles a la opresión y

socava de raíz la confianza entre las naciones. Por último, identifica en los profundos desequilibrios económicos entre los países uno de los factores que alimentan los conflictos.[26] En nuestra época, marcada por nuevas formas de poder global y por desigualdades crecientes, siguen siendo especialmente significativos tres principios: la exigencia de que el derecho prevalezca sobre el interés, la conciencia de que las disparidades económicas son terreno fértil para las tensiones y la violencia, y el valor de un tejido asociativo capaz de mediar entre el individuo y el Estado. Estos siguen ofreciendo a la Doctrina social criterios importantes para interpretar las dinámicas de la globalización y para promover un orden internacional más justo y pacífico.

Los años del Concilio Vaticano II

33. Con san Juan XXIII se abre una nueva etapa del Magisterio social, marcada por una atención más explícita a la dimensión mundial de las cuestiones sociales y al lenguaje de los derechos. En *Mater et magistra* presenta la fe cristiana como una luz capaz de unir el cielo y la tierra, recordando que la Iglesia, aunque tiene como misión principal la santificación y el anuncio de los bienes eternos, no por ello descuida las necesidades concretas de la vida cotidiana de las personas, sino que se interesa por todo auténtico bien humano.[27] Partiendo de

---

[26] Cf. ID., *Discurso al Sacro Colegio de Cardenales y a la Prelatura Romana* (24 diciembre 1940): *AAS* 33 (1941), 13.

[27] Cf. S. JUAN XXIII, Carta enc. *Mater et magistra* (15 mayo 1961), 2-3: *AAS* 53 (1961), 402.

esta visión unitaria del ser humano, subraya que la vida social exige un equilibrio entre la iniciativa de los ciudadanos y de los grupos, llamados a autoorganizarse y colaborar, y la acción del Estado, que debe coordinar y sostener sin sofocar la libertad y la responsabilidad de los sujetos; por ello, presta atención a la justa remuneración del trabajo, a la participación de los trabajadores y a las crecientes disparidades entre los países. Pocos años después, con *Pacem in terris*, dirigiéndose por primera vez no solo a los fieles sino a todos los hombres de buena voluntad, san Juan XXIII vincula de manera orgánica la dignidad de la persona con el reconocimiento de los derechos y deberes fundamentales y propone un orden de convivencia –también en el plano internacional– fundado en la verdad, la justicia, el amor y la libertad.[28] En nuestra época, marcada por conflictos generalizados y nuevas formas de interdependencia global, siguen siendo especialmente significativos el alcance universal de su llamamiento, la referencia a los derechos humanos como lengua común y la convicción de que una paz duradera requiere instituciones y relaciones entre los pueblos inspiradas en la dignidad de cada persona.

34. El Concilio Vaticano II marcó un punto de inflexión en la forma en que la Iglesia se entiende a sí misma en el mundo contemporáneo. En la Constitución pastoral *Gaudium et spes* nos presentó la imagen de una Iglesia cercana a la humanidad, comprometida con el mundo y dedicada

---

[28] Cf. ID., Carta enc. *Pacem in terris* (11 abril 1963), 163: *AAS* 55 (1963), 301.

a reflexionar no a partir de esquemas abstractos, sino de la realidad concreta de las situaciones históricas. El texto aborda las grandes cuestiones del matrimonio y la familia, de la vida económica y social, de la comunidad política, de la guerra y la paz, insistiendo en que las estructuras económicas e institucionales son justas solo en la medida en que sirven al desarrollo integral de la persona y favorecen la participación responsable de todos.[29] La importancia de este documento conciliar para la Doctrina social de la Iglesia radica no solo en haber abierto perspectivas de reflexión temática, sino también en haber proporcionado un método de discernimiento que invita a interpretar las transformaciones históricas con una mirada evangélica y competencia humana. Este estilo muestra que el diálogo con el mundo no es para la Iglesia una opción táctica, sino una forma concreta de su misión, porque el Evangelio, como levadura, puede transformar desde dentro las estructuras de la convivencia y abrir caminos hacia una mayor humanidad. En este horizonte se inscribe también la Declaración *Dignitatis humanae*, en la que el Concilio reconoce que la libertad religiosa es un derecho fundamental arraigado en la dignidad de la persona, que debe ser garantizado por el ordenamiento jurídico para que nadie sea obligado a actuar en contra de su conciencia ni impedido de buscar y profesar la verdad en privado y en público.[30] Este principio, de gran relevancia para nuestro tiempo,

---

[29] Cf. Conc. Ecum. Vat. II, Const. past. *Gaudium et spes*, 26: *AAS* 58 (1966), 1046-1047.

[30] Cf. id., Decl. *Dignitatis humanae*, 2: *AAS* 58 (1966), 930-931.

sigue ofreciendo a la Doctrina social criterios decisivos para la protección de la persona y para la construcción de sociedades pluralistas y pacíficas.

35. En el Pontificado de san Pablo VI surge una concepción de la paz que no se reduce a la ausencia de guerra, sino que se concreta en el camino hacia un desarrollo humano integral. En *Populorum progressio*, describe el desarrollo como el paso de condiciones de vida menos humanas a condiciones más humanas y lo entiende como un proceso que atañe a «todos los hombres y a todo el hombre»,[31] es decir, a todas las dimensiones de la persona y a todos los pueblos, sin excepción. Sobre esta base, Pablo VI puede afirmar que un desarrollo así concebido es, en realidad, «el nuevo nombre de la paz»,[32] porque tiene como objetivo eliminar las raíces de la injusticia y el conflicto y abrir espacios para una vida más digna para todos. También la creación de la Pontificia Comisión *Iustitia et Pax* debe interpretarse en este sentido, como un intento de dar una forma estable, a nivel eclesial e internacional, a esta intuición, manteniendo viva la conciencia sobre la brecha creciente entre países ricos y países pobres y sobre la necesidad de políticas que promuevan condiciones de vida realmente más humanas para todos.

36. Con la *Octogesima adveniens*, escrita con motivo del 80° aniversario de la *Rerum novarum*, Pablo VI traslada esta perspectiva a la sociedad

---

[31] S. Pablo VI, Carta enc. *Populorum progressio* (26 marzo 1967), 14: *AAS* 59 (1967), 264.
[32] *Ibíd.*, 87: *AAS* 59 (1967), 299.

posindustrial, marcada por transformaciones urbanas, nuevas formas de pobreza, cambios en el mundo laboral y rápidos cambios culturales que ponen en tela de juicio el futuro de las personas y las comunidades. Para Pablo VI, el Evangelio, a pesar de haber sido anunciado, escrito y vivido en un contexto histórico-cultural muy diferente al nuestro, no se trata de un mensaje "superado", sino de una visión de la persona humana, de las relaciones, de la autoridad y del bien común capaz de orientar también hoy las decisiones económicas, políticas y culturales.[33] En otras palabras, el Evangelio sigue siendo actual porque proporciona los criterios para reconocer lo que humaniza o deshumaniza, lo que libera u oprime, en situaciones siempre nuevas. Para la Doctrina social de la Iglesia, el legado más exigente de Pablo VI es precisamente este: mientras en el mundo haya pueblos excluidos de un desarrollo digno del ser humano, la comunidad cristiana no podrá contentarse con proclamar la paz en abstracto, sino que deberá dejar que el Evangelio juzgue, a partir de quienes quedan al margen, aquellas estructuras económicas y políticas que, como recordaría Juan Pablo II, pueden convertirse en verdaderas y propias «estructuras de pecado»,[34] para que ninguna persona ni ningún pueblo sea tratado como prescindible en los procesos de desarrollo.

---

[33] Cf. ID., Carta ap. *Octogesima adveniens* (14 mayo 1971), 4-7: *AAS* 63 (1971), 404-406.

[34] S. JUAN PABLO II, Carta enc. *Sollicitudo rei socialis* (30 diciembre 1987), 36: *AAS* 80 (1988), 561.

37. El fecundo Magisterio social de san Juan Pablo II se sitúa en la encrucijada entre la crisis de los grandes sistemas ideológicos del siglo XX y el inicio de la globalización económica. En la Encíclica *Laborem exercens*, escrita noventa años después de la publicación de *Rerum novarum*, se abre una nueva vía de reflexión sobre el trabajo. El salario justo se presenta en ella como una prueba concreta de la equidad de todo el sistema socioeconómico, ya que muestra si al trabajador se le trata como persona o como un simple costo de producción.[35] El trabajo no es considerado solo un problema que hay que gestionar o un medio para obtener ingresos, sino un bien fundamental para la persona, principio de la actividad económica y clave de toda la cuestión social. En él, el ser humano pone en juego su libertad, su creatividad y su capacidad de cooperar, contribuyendo a la elevación cultural y moral de la sociedad.[36] En vista de ello, las diversas formas de precariedad, la fragmentación de las trayectorias profesionales y la automatización no pueden evaluarse únicamente en términos de eficiencia, sino partiendo de la dignidad del trabajador, del derecho a una remuneración suficiente y de la posibilidad efectiva de participar en la vida social.

38. En el 20° aniversario de la *Populorum progressio*, con la Encíclica *Sollicitudo rei socialis*,

---

[35] Cf. ID., Carta enc. *Laborem exercens* (14 septiembre 1981), 19: *AAS* 73 (1981), 625-629.

[36] Cf. *ibíd.*, 10: *AAS* 73 (1981), 600-602.

Juan Pablo II vuelve a abordar la lacra del subdesarrollo y reconoce el fracaso de muchos intentos por reducir el retraso económico de los pueblos pobres y acompañar su industrialización, constatando la persistencia y, en ocasiones, la ampliación de la brecha entre el Norte y el Sur del mundo.[37] Denuncia, además, los mecanismos económicos, financieros y comerciales que, gestionados por los países más fuertes, favorecen estructuralmente sus intereses y asfixian a las economías más débiles, y pide que sean sometidos también a un juicio ético riguroso, y no solo técnico.[38] En este contexto, la solidaridad se entiende como una corresponsabilidad concreta entre personas, pueblos y naciones, una forma de amistad social o caridad política orientada hacia la "civilización del amor" invocada por Pablo VI.[39]

39. En el centenario de *Rerum novarum*, la Encíclica *Centesimus annus* ofrece, por último, una reflexión sobre el colapso del sistema soviético y el afianzamiento de la democracia y la economía de mercado. San Juan Pablo II retoma el mensaje de Pío XII según el cual la Iglesia puede valorar la democracia en la medida en que garantiza la participación efectiva de los ciudadanos, permite elegir y sustituir pacíficamente a los gobernantes e impide que el poder sea monopolizado por élites reducidas movidas por intereses particulares

---

[37] Cf. ID., Carta enc. *Sollicitudo rei socialis* (30 diciembre 1987), 14: *AAS* 80 (1988), 526-528.
[38] Cf. *ibíd.*, 16: *AAS* 80 (1988), 531.
[39] Cf. *ibíd.*, 31-33: *AAS* 80 (1988), 555-559.

o ideológicos.[40] Del mismo modo, reconoce el potencial positivo del mercado y de la iniciativa privada solo si se mantienen subordinados a la ley moral y guiados por el principio de solidaridad, sin sacrificar a los más débiles en aras de la lógica del lucro.[41] Para la Doctrina social de la Iglesia esto supone un legado de especial actualidad: la afirmación del vínculo entre dignidad del trabajo, solidaridad entre los pueblos y evaluación crítica de la democracia y la economía de mercado sigue ofreciendo criterios para juzgar las nuevas formas de explotación, exclusión y crisis de la representación política.

40. El Papa Benedicto XVI, en su Encíclica social *Caritas in veritate*, quiso retomar y profundizar en el concepto de desarrollo presentado en *Populorum progressio*, reinterpretándolo en el contexto de la globalización. Recuerda que dicho desarrollo debería traducirse en «un crecimiento real, extensible a todos y concretamente sostenible»,[42] es decir, en un progreso económico verdaderamente inclusivo y respetuoso con los límites de la creación. Constata, sin embargo, que en los países ricos surgen nuevas categorías de pobres y se multiplican formas inéditas de exclusión, mientras que en las regiones más pobres pequeños grupos viven en un bienestar consumista que convive con situaciones de miseria deshumanizante.[43] Observa, además, que el nuevo

---

⁴⁰ Cf. ID., Carta enc. *Centesimus annus* (1 mayo 1991), 46: *AAS* 83 (1991), 850-851.

⁴¹ Cf. *ibíd.*, 42: *AAS* 83 (1991), 845-846.

⁴² BENEDICTO XVI, Carta enc. *Caritas in veritate* (29 junio 2009), 21: *AAS* 101 (2009), 656.

⁴³ Cf. *ibíd.*, 22: *AAS* 101 (2009), 657.

sistema económico-financiero mundial, caracterizado por una gran movilidad de los capitales y los medios de producción, ha reducido el poder político de los estados y su capacidad para orientar los procesos económicos.[44] Por eso reitera que la actividad económica no puede pretender resolver los problemas sociales simplemente ampliando la lógica del mercado, sino que debe estar orientada al bien común, respecto al cual la comunidad política tiene una responsabilidad propia e insustituible.[45]

41. En el centro de esta reinterpretación, Benedicto XVI sitúa la caridad, afirmando que esta «es la vía maestra de la doctrina social de la Iglesia»,[46] siempre que vaya unida a la verdad; y observa con preocupación que, precisamente en los ámbitos social, jurídico, político y económico, se tiende a declarar su irrelevancia moral. La novedad de su aportación radica en mostrar que el desarrollo, la justicia, las instituciones y el mercado no son realidades neutras, sino espacios en los que la caridad en la verdad debe tomar forma histórica. En la actualidad, marcada por crecientes desigualdades, la presión de los mercados financieros, la crisis medioambiental y la desconfianza en la política, esta enseñanza sigue vigente porque exige juzgar cada modelo de desarrollo por su capacidad de ser inclusivo y sostenible, recomponer la relación entre economía y política en torno al bien común y

---

[44] Cf. *ibíd.*, 24: *AAS* 101 (2009), 658-659.
[45] Cf. *ibíd.*, 36: *AAS* 101 (2009), 671-672.
[46] *Ibíd.*, 2: *AAS* 101 (2009), 642.

reconocer a la caridad un papel crítico y generativo en la vida pública.

42. El Magisterio social del Papa Francisco se desarrolla en la línea de *Gaudium et spes*, que invita a contemplar la historia partiendo de las heridas y las esperanzas de las personas y a ponerlas en diálogo con el Evangelio. Esta orientación se pone de manifiesto con especial claridad en *Evangelii gaudium*, donde se afirma que el anuncio cristiano tiene una dimensión social intrínseca y hace referencia a una Iglesia capaz de escuchar el clamor de los pobres, de los migrantes y de las víctimas de las nuevas formas de esclavitud. En esta perspectiva se inscribe también la insistencia de Francisco en una Iglesia sinodal, una Iglesia en la que se "camina juntos", que busca leer los signos de los tiempos a la luz del Evangelio y se deja evangelizar por los pobres con quienes comparte la historia.[47]

43. En *Laudato si'*, Francisco ofrece el primer gran análisis sistemático de la crisis medioambiental en una Encíclica social, demostrando que no se trata de una cuestión sectorial, sino del aspecto ecológico de la crisis socioeconómica contemporánea. Su propuesta de «ecología integral» aúna el cuidado de la Casa común y la opción preferencial por los pobres, y afirma con determinación que «tanto el clamor de la tierra como el clamor de los pobres»[48] no pueden separarse. En este sentido,

---

[47] Cf. Francisco, Exhort. ap. *Evangelii gaudium* (24 noviembre 2013), 198: *AAS* 105 (2013), 1103.

[48] Id., Carta enc. *Laudato si'* (24 mayo 2015), 49: *AAS* 107 (2015), 866.

vuelven a cobrar protagonismo el destino universal de los bienes, la crítica a un paradigma tecnocrático que pretende reducirlo todo a un objeto de dominio, la defensa del trabajo humano amenazado por la lógica del descarte, la exigencia de una justicia intergeneracional y el llamamiento a un diálogo auténtico entre política y economía, para que ninguna de las dos se encierre en su propia autorreferencialidad.

44. Ante la desintegración del tejido social, la "guerra mundial a pedazos", la globalización individualista y las consecuencias de la pandemia sobre los lazos comunitarios, Francisco relanza en *Fratelli tutti* el sueño de una humanidad capaz de optar por la amistad social y la fraternidad universal. Propone la cultura del encuentro, una "mejor política" capaz de buscar el bien común, caminos de reconciliación y un mundo que garantice «tierra, techo y trabajo para todos».[49] Con *Dilexit nos*, por último, muestra que estos grandes compromisos sociales no pueden separarse de la relación personal con Cristo: al volver a la Palabra de Dios, recuerda que la respuesta más auténtica al amor del Corazón de Jesús es el amor concreto hacia los hermanos y afirma que «no hay mayor gesto que podamos ofrecerle para devolver amor por amor».[50]

---

[49] ID., Carta enc. *Fratelli tutti* (3 octubre 2020), 127: *AAS* 112 (2020), 1013.

[50] ID., Carta enc. *Dilexit nos* (24 octubre 2024), 167: *AAS* 116 (2024), 1421.

45. Al contemplar este recorrido en su conjunto, se comprende que la Doctrina social de la Iglesia no es fruto de un proyecto elaborado en un escritorio, sino el resultado de un proceso paciente, en el que cada Pontífice –junto con el Concilio Vaticano II– ha aportado una contribución original a la luz de los "nuevos asuntos" de su tiempo. Cada uno, asumiendo los retos de su época e interpretando los cambios históricos a la luz del Evangelio, ha puesto de relieve diferentes aspectos de un patrimonio único: la dignidad de la persona, el valor del trabajo, el destino universal de los bienes, la solidaridad y la subsidiariedad, el cuidado de la creación, la centralidad de la paz y la fraternidad. El resultado es un desarrollo armonioso, aunque no siempre lineal, marcado por diferentes acentos, por profundizaciones progresivas y, a veces, por cambios de perspectiva que no rompen con lo anterior, sino que hacen madurar sus implicaciones. Si hoy podemos hablar de un corpus de principios y criterios compartidos, es porque esta lectura de la historia a la luz de la fe nunca se ha interrumpido y ha sabido dejarse interpelar por las preguntas de cada generación. Es a este núcleo fundamental –los grandes principios de la Doctrina social que orientan el discernimiento de los creyentes en la vida personal y pública– al que deseo ahora dirigir la atención, para captar mejor su coherencia interna y su fuerza generadora para nuestro tiempo.

FUNDAMENTOS Y PRINCIPIOS
DE LA DOCTRINA SOCIAL DE LA IGLESIA

46. La Doctrina social de la Iglesia es una realidad viva, en diálogo con la historia, las culturas y las ciencias y, al mismo tiempo, conserva un núcleo de verdad que no declina. Por eso puede ser considerada una forma de sabiduría capaz de orientar todavía hoy la vida personal y social de los creyentes. En este segundo capítulo quisiera detenerme en algunos fundamentos y principios de la Doctrina social que ayudan a leer los "nuevos asuntos" de nuestro tiempo a la luz de la dignidad fundamental de la persona humana. Pienso que actualmente, para custodiar a la persona humana en el tiempo de la IA, debemos volver a reflexionar sobre el bien común, el destino universal de los bienes, la subsidiariedad y la justicia social. Estoy convencido de que la relación armoniosa entre estos principios requiere que sean analizados conjuntamente, para que se evidencie con claridad cómo se reclaman y se iluminan mutuamente.

47. Al proponer estas reflexiones deseo, sobre todo, ayudar a los fieles laicos y a todas las mujeres y los hombres de buena voluntad a redescubrir la propia tarea de hacer presente en lo cotidiano —en las relaciones familiares, en el trabajo y en la participación social— los principios que voy a

señalar, dejándose animar por el propósito de encarnar el amor de Dios en la trama concreta de la historia. Al mismo tiempo, quisiera alentar a las academias y a las universidades a revitalizar tales principios, reconsiderándolos de forma que se adapten a los tiempos actuales y sean eficaces para afrontar la revolución digital. De este modo, la investigación teológica y filosófica podrá profundizar y sostener el camino pastoral de la Iglesia, contribuyendo a la tarea del Magisterio de iluminar la conciencia de los creyentes y orientar su compromiso para hacer más justa y fraterna la vida de nuestras sociedades.

LOS FUNDAMENTOS DE LA DOCTRINA SOCIAL

El ser humano, imagen del Dios trinitario

48. La Doctrina social de la Iglesia nos conduce al corazón mismo de nuestra fe: el misterio del Dios viviente, revelado en Jesucristo como comunión de personas; Padre, Hijo y Espíritu Santo: amor en relación, que se da recíprocamente y se comunica al mundo.[51] Como recuerda el Concilio, el ser humano está llamado a la comunión con Dios y «no puede encontrar su propia plenitud si no es en la entrega sincera de sí mismo»;[52] su vocación más profunda es la de entrar en el movimiento trinitario del amor recibido y compartido.

---

[51] Cf. PONTIFICIO CONSEJO JUSTICIA Y PAZ, *Compendio de la doctrina social de la Iglesia*, 32.

[52] CONC. ECUM. VAT. II, Const. past. *Gaudium et spes*, 24: *AAS* 58 (1966), 1045.

49. Si el misterio de Dios-Amor es la fuente de la Doctrina social, su rostro más concreto lo contemplamos en Jesucristo, Verbo encarnado. Haciéndose hombre, el Hijo de Dios entra en la historia y en nuestra carne, trayéndonos el amor que lo une al Padre y al Espíritu Santo. «El misterio del hombre solo se esclarece en el misterio del Verbo encarnado»,[53] porque su humanidad es plenamente libre, abierta a los demás, capaz de construir relaciones solidarias y preciosas, y entregada al don total de sí. Quien cree en Él está involucrado en la gran obra de renovación inaugurada por el misterio de su pasión, muerte y resurrección, y coopera en la edificación del Reino de Dios, aprendiendo a acoger a toda mujer como hermana y a todo hombre como hermano, hijos de un mismo Padre. Así, tanto el anuncio como la experiencia cristiana, guiados por la acción del Espíritu Santo, tienden a generar en el mundo consecuencias sociales.[54]

50. En el centro de la visión cristiana del ser humano está la gran afirmación según la cual el hombre y la mujer son creados "a imagen y semejanza" (cf. *Gn* 1,26-27) del Dios trinitario. Cada persona, hecha constitutivamente para la relación, es pensada y querida por Dios para entrar en una historia de comunión con Él, con los demás y con la creación. Su dignidad no depende de las capacidades que posee, de las riquezas o del rol que desempeña, ni de las decisiones justas o equivocadas que toma, sino que es un don que la precede y la excede, dado

---

[53] *Ibíd.*, 22: *AAS* 58 (1966), 1042.

[54] Cf. Pontificio Consejo Justicia y Paz, *Compendio de la doctrina social de la Iglesia*, 38.

por Dios como expresión de su amor que nunca falla. Por eso, la persona humana permanece siempre como «el camino primero y fundamental de la Iglesia»[55] y el corazón de toda auténtica vía de desarrollo humano integral.[56]

La igual dignidad de todos los seres humanos

51. San Juan Pablo II afirmaba que «el sentido más profundo de la dignidad de la persona humana y de su unicidad, así como del respeto debido al camino de la conciencia, es ciertamente una adquisición positiva de la cultura moderna».[57] Esta afirmación sigue las huellas ya trazadas por el Concilio Vaticano II, que había constatado un crecimiento en la conciencia de la excelsa dignidad de toda persona, de su valor superior a las cosas y de sus derechos y deberes universales e inviolables.[58] Es importante vigilar para que este crecimiento en la conciencia de la dignidad humana no sea ofuscado bajo la presión de nuevas ideologías o de determinados intereses de gran poder en el mundo de hoy. Entre estas ideologías considero particularmente insidiosa la que sugiere que toda persona deba ganarse o justificar su propio valor, hasta el punto de atribuir mayor valía a quienes son más eficientes y productivos.

<hr>

[55] S. Juan Pablo II, Carta enc. *Redemptor hominis* (4 marzo 1979), 14: *AAS* 71 (1979), 284.

[56] Cf. Benedicto XVI, Carta enc. *Caritas in veritate* (29 junio 2009), 11: *AAS* 101 (2009), 647-648.

[57] S. Juan Pablo II, Carta enc. *Veritatis splendor* (6 agosto 1993), 31: *AAS* 85 (1993), 1159.

[58] Cf. Conc. Ecum. Vat. II, Const. past. *Gaudium et spes*, 26: *AAS* 58 (1966), 1046-1047.

En semejante perspectiva, la persona termina reduciéndose a un medio para obtener resultados, a un recurso para ser usado y explotado, y no es reconocida como fin en sí misma, jamás instrumentalizable. Pero el valor de la persona no depende de lo que realiza o produce; existen derechos que corresponden a todos por el mero hecho de ser personas. Ningún poder humano puede legítimamente negarlos o limitarlos arbitrariamente.[59]

52. Cuando hablamos de dignidad no siempre usamos la palabra de la misma manera; en ocasiones nos referimos a la dignidad moral, es decir, al modo en el que la persona orienta sus propias decisiones y su propio obrar; otras veces pensamos en la dignidad social, es decir, en las condiciones de vida de la persona y en el respeto concreto que le es reconocido por la sociedad; en otros casos indicamos la dignidad existencial, que alude al modo en el que una persona percibe el valor de sí y de su propia vida. Estas dimensiones de la dignidad pueden crecer o disminuir. Pero más allá de estos significados hay un nivel más profundo, el más importante, que consiste en la dignidad ontológica. Es la dignidad que pertenece a todo ser humano simplemente por el hecho de existir, de haber sido querido, creado y amado por Dios;[60] ningún pecado, ningún fracaso, ninguna humillación, ninguna exclusión puede afectar el

---

[59] Cf. S. Juan Pablo II, Carta enc. *Centesimus annus* (1 mayo 1991), 11: *AAS* 83 (1991), 806-807.

[60] Cf. Dicasterio para la Doctrina de la Fe, Decl. *Dignitas infinita* (2 abril 2024), 7: *AAS* 116 (2024), 592-593.

valor profundo de una vida humana que Él ha querido y llamado al ser.[61]

53. Por lo tanto, la dignidad fundamental de cada persona no se adquiere, no debe ganarse ni necesita ser demostrada. La reciente Declaración *Dignitas infinita* ha ofrecido una síntesis de las convicciones de la Iglesia sobre este tema: «Una dignidad infinita, que se fundamenta inalienablemente en su propio ser, le corresponde a cada persona humana, más allá de toda circunstancia y en cualquier estado o situación en que se encuentre»,[62] es decir, siempre e ineludiblemente. Esta dignidad de todo ser humano puede definirse infinita, como dijo san Juan Pablo II,[63] por dos razones: porque es infinito el amor de Dios que lo llama a la amistad con Él, y porque es absolutamente incondicionada, en el sentido de que, aun buscando hasta el infinito, nunca se encontrará nada que pueda suprimirla o negarla.

El altísimo valor de los derechos humanos

54. La Iglesia reconoce con gratitud que «el movimiento hacia la identificación y la proclamación de los derechos del hombre es uno de los esfuerzos más relevantes para responder eficazmente a las exigencias imprescindibles de la dignidad humana».[64]

---

[61] Cf. *ibíd.*, 8: *AAS* 116 (2024), 593-594.

[62] *Ibíd.*, 1: *AAS* 116 (2024), 589-590.

[63] Cf. S. Juan Pablo II, *Ángelus* (Osnabrück, 16 noviembre 1980): *L'Osservatore Romano*, ed. en lengua española, 23 noviembre 1980, 9.

[64] Pontificio Consejo Justicia y Paz, *Compendio de la doctrina social de la Iglesia*, 152.

Y, como afirmó san Juan Pablo II, la *Declaración Universal de los Derechos del Hombre*, proclamada por las Naciones Unidas el 10 de diciembre de 1948, continúa siendo en nuestros días una de las más altas expresiones de la conciencia humana.[65] Esta es «una piedra miliar en el camino del progreso moral de la humanidad».[66] Por eso, en la perspectiva cristiana, los derechos humanos no son un añadido externo a la persona, sino una traducción histórica de su dignidad intrínseca, que la comunidad internacional está llamada a tutelar y promover.

55. Los derechos humanos son inviolables, porque son «inherentes a la persona humana y a su dignidad».[67] En consecuencia, son universales e inalienables.[68] Precisamente porque están fundados en la común dignidad de todo hombre y de toda mujer, estos derechos comportan consecuencias prácticas y efectos jurídicos, porque «sería vano proclamar derechos, si al mismo tiempo no se pone en práctica todo lo necesario para asegurar el deber de respetarlos, por todos, en todas partes y para todos».[69] Entre estos, el primer derecho humano es el derecho a la vida, desde la

---

[65] Cf. S. JUAN PABLO II, *Discurso a la 50ª Asamblea General de las Naciones Unidas* (5 octubre 1995), 2: *L'Osservatore Romano*, ed. en lengua española, 13 octubre 1995, 7.

[66] ID., *Discurso a la 34ª Asamblea General de las Naciones Unidas* (2 octubre 1979), 7: *AAS* 71 (1979), 1147-1148.

[67] ID., *Mensaje para la 32ª Jornada Mundial de la Paz* (1 enero 1999), 3: *AAS* 91 (1999), 379.

[68] Cf. S. JUAN XXIII, Carta enc. *Pacem in terris* (11 abril 1963), 5: *AAS* 55 (1963), 259.

[69] S. PABLO VI, *Mensaje a la Conferencia Internacional de los Derechos del Hombre* (15 abril 1968): *AAS* 60 (1968), 285.

concepción hasta su fin natural,[70] sin el cual es imposible ejercitar cualquier otro derecho. Cuando este derecho fundamental es negado –como sucede con el aborto provocado, el asesinato de inocentes y la eutanasia– nos encontramos frente a decisiones que la Iglesia juzga gravemente ilícitas.[71]

56. Al observar nuestro tiempo, no podemos ignorar que la tutela de los derechos humanos hoy está expuesta a dos riesgos particularmente graves. El primero es el de una declaración puramente formal, mientras que, junto con el progreso tecnológico, avanzan de manera disimulada o evidente violaciones de la dignidad humana. El segundo, que en realidad está en la base del primero, es el de no poder reconocer el fundamento de su universalidad, porque se ha renunciado a la «búsqueda de los fundamentos más sólidos que están detrás de nuestras opciones y también de nuestras leyes».[72] El Papa Francisco invitaba a no subestimar este último problema. Recordaba que, cuando la razón se deja interrogar seriamente sobre la naturaleza humana, es capaz de descubrir valores aplicables a todos, porque derivan de ella. Si este trabajo de búsqueda fuera abandonado, podría suceder que derechos hoy considerados intocables, en el futuro

---

[70] Cf. S. Juan Pablo II, Carta enc. *Evangelium vitae* (25 marzo 1995), 2: *AAS* 87 (1995), 402.

[71] Cf. Conc. Ecum. Vat. II, Const. past. *Gaudium et spes*, 27: *AAS* 58 (1966), 1047-1048; S. Juan Pablo II, Carta enc. *Veritatis splendor* (6 agosto 1993), 80: *AAS* 85 (1993), 1197-1198; Id., Carta enc. *Evangelium vitae* (25 marzo 1995), 7-28: *AAS* 87 (1995), 408-427.

[72] Francisco, Carta enc. *Fratelli tutti* (3 octubre 2020), 208: *AAS* 112 (2020), 1043.

terminaran siendo cuestionados o negados por quienes ostentan el poder, quizá después de haber obtenido un consenso solo aparente por parte de poblaciones aterrorizadas o manipuladas.[73]

57. Junto a una mayor conciencia del valor de toda persona humana y de sus derechos, ha crecido también el reconocimiento de los derechos de las minorías. Sin embargo, todavía hay mucho camino por recorrer para que los derechos de una gran parte, por ejemplo, los de las mujeres, estén realmente garantizados en todo el mundo. Es una realidad que «doblemente pobres son las mujeres que sufren situaciones de exclusión, maltrato y violencia, porque frecuentemente se encuentran con menores posibilidades de defender sus derechos».[74] Por lo tanto, no es suficiente afirmar con palabras que hombres y mujeres tienen la misma dignidad y los mismos derechos; es necesario que esto se traduzca en decisiones concretas, en las leyes, en el acceso al trabajo, a la instrucción, a las responsabilidades sociales y políticas, en el modo en el que la sociedad escucha y valora el aporte de las mujeres. Mientras exista esta disparidad, no podremos decir que la sociedad reconoce realmente y en profundidad que las mujeres tienen la misma dignidad que los hombres.

58. Son las personas concretas las que cuentan, cada una de ellas y sus familias. Los movimientos

---

[73] Cf. *ibíd.*, 209: *AAS* 112 (2020), 1043-1044.

[74] *Ibíd.*, 23: *AAS* 112 (2020), 977. Cf. ID., Exhort. ap. *Evangelii gaudium* (24 noviembre 2013), 212: *AAS* 105 (2013), 1108.

sociales, las grandes proclamas políticas en favor del pueblo y las ideologías comunitarias no sirven para nada si no están orientadas a la promoción de las personas –hombres y mujeres– con sus derechos inalienables. Del mismo modo, no basta con exaltar la libertad individual o la iniciativa privada, si después se acepta que una multitud de personas siga viviendo sin un trabajo digno, sin tutelas y sin acceso a los bienes fundamentales.

Los principios de la Doctrina social

El principio del bien común

59. Reconocer que toda mujer y todo hombre poseen una dignidad inalienable y derechos que ningún poder humano puede perjudicar o eliminar requiere configurar el modo en el que vivimos juntos, nuestras decisiones económicas y políticas, el rostro concreto de nuestras ciudades. De aquí nace el primer gran principio de la Doctrina social al que deseo referirme: el bien común. Podemos describirlo como la forma social de la dignidad que se reconoce a cada uno. Cuando Benedicto XVI hizo alusión a los valores no negociables que la Iglesia siempre debe defender, incluyó entre estos «la promoción del bien común».[75] Para un cristiano, en efecto, salir del pequeño mundo de sus propios intereses y comprometerse por el bien común –en los límites de sus propias posibilidades– es un valor no negociable, como lo es la promoción de la vida.

---

[75] Benedicto XVI, Exhort. ap. *Sacramentum caritatis* (22 febrero 2007), 83: *AAS* 99 (2007), 169.

60. El Concilio Vaticano II ha afirmado que el bien común consiste en «el conjunto de condiciones de la vida social que hacen posible a las asociaciones y a cada uno de sus miembros el logro más pleno y más fácil de la propia perfección».[76] Esta definición nos ofrece una primera orientación valiosa, porque el bien común no se puede reducir a un simple listado de condiciones o de instituciones. No coincide con la suma de méritos de los individuos, ni con la unión de sus intereses particulares; es un bien mayor, que pertenece a todos, y que solo juntos podemos construir, acrecentar y custodiar. Podemos decir que la acción social alcanza su plenitud cuando tiende a este bien compartido, así como la acción moral de la persona encuentra cumplimiento en la elección del verdadero bien.[77]

61. En este sentido, podemos afirmar que «el todo es más que las partes»[78] y que precisamente por eso «la mera suma de los intereses individuales no es capaz de generar un mundo mejor para toda la humanidad».[79] Es una ilusión pensar que sea suficiente con buscar el propio progreso para contribuir al bien de todos, sin tener que preocuparse realmente de los demás. Esta visión ignora el valor propio y específico del bien común; este

---

[76] Conc. Ecum. Vat. II, Const. past. *Gaudium et spes*, 26: *AAS* 58 (1966), 1046-1047.

[77] Cf. Pontificio Consejo Justicia y Paz, *Compendio de la doctrina social de la Iglesia*, 164.

[78] Francisco, Exhort. ap. *Evangelii gaudium* (24 noviembre 2013), 235: *AAS* 105 (2013), 1115.

[79] Id., Carta enc. *Fratelli tutti* (3 octubre 2020), 105: *AAS* 112 (2020), 1005.

es fruto de la «interdependencia»[80] que provoca una red de bien social que se difunde e incide en las personas. El bien común es un *plus*, resultado de la interacción y de la influencia recíproca que une diferentes acciones, iniciativas, esfuerzos y decisiones. Si se sumaran simplemente los bienes individuales, no se podría explicar la existencia de este *plus* que los supera y al mismo tiempo los enriquece.

62. La búsqueda del bien común es lo que da vida a un pueblo, entendido no como una mera suma de individuos, sino como una realidad viva donde las personas aprenden a reconocerse vinculadas las unas a las otras y corresponsables de la *res publica*. En este sentido, cada persona contribuye a construir su propio pueblo con «un trabajo lento y arduo que exige querer integrarse y aprender a hacerlo hasta desarrollar una cultura del encuentro en una pluriforme armonía».[81] Trabajar juntos en pos del bien de todos significa tener un proyecto compartido. Es evidente que entre las diversas personas hay muchas diferencias ideológicas y pragmáticas, hay variedad de intereses y frecuentes contrastes, pero eso no significa que sea imposible un proceso de diálogo para configurar una base de consenso que permita constituir un proyecto para todos y caminar juntos.

---

[80] S. Juan Pablo II, Carta enc. *Sollicitudo rei socialis* (30 diciembre 1987), 38: *AAS* 80 (1988), 564.

[81] Francisco, Exhort. ap. *Evangelii gaudium* (24 noviembre 2013), 220: *AAS* 105 (2013), 1110.

63. Corresponde al Estado garantizar la cohesión, la unidad y una justa organización de la sociedad civil, para que el bien común realmente pueda ser procurado con la contribución de todos. Esto significa, en concreto, que el poder público tiene la delicada tarea de «armonizar con justicia»[82] los diversos intereses en juego, buscando el equilibrio entre bienes particulares y bienes de conjunto, sin dejar atrás a los más débiles. Cuando la política renuncia a una visión a largo plazo y se reduce a cálculos de corto plazo o a polarizaciones estériles, los discursos sobre el bien común pierden credibilidad, y al mismo tiempo crecen las desigualdades y las fracturas sociales.

64. Esto vale también para la política internacional. Mientras las distancias entre los pueblos aumentan, se abren camino lógicas de confrontación y de agresividad, y el difícil recorrido hacia un mundo más unido y fraterno sufre nuevos y dolorosos contratiempos. En este marco, hablar de un camino compartido hacia un desarrollo más justo para toda la familia humana «suena a delirio».[83] Pero no podemos perder la esperanza. Invito a todos a pensar en formas de cooperación y de instituciones internacionales más eficaces, capaces de cuidar el bien común global sin anular la legítima pluralidad de los pueblos y de los estados. En efecto, la promoción del bien común nunca puede separarse del respeto al derecho de

---

[82] Pontificio Consejo Justicia y Paz, *Compendio de la doctrina social de la Iglesia*, 169.

[83] Francisco, Carta enc. *Fratelli tutti* (3 octubre 2020), 16: *AAS* 112 (2020), 974.

los pueblos a existir, a custodiar su propia identidad y a contribuir con su propia originalidad a la familia de las naciones.[84] Cualquier intento o proyecto de eliminar o someter una nación es gravemente inmoral y, por lo tanto, inaceptable.

El principio del destino universal de los bienes

65. «Entre las múltiples implicaciones del bien común, adquiere inmediato relieve el principio del destino universal de los bienes».[85] Este principio nos recuerda sobre todo que los bienes de la tierra —el suelo, el agua, el aire y los recursos naturales— han sido dados por Dios a toda la familia humana para sostener la vida de todos, hoy y en las futuras generaciones, y que toda persona tiene un derecho originario al uso de dichos bienes. San Juan Pablo II recordaba que «Dios ha dado la tierra a todo el género humano para que ella sustente a todos sus habitantes, sin excluir a nadie ni privilegiar a ninguno».[86] En consecuencia, «no es conforme con el designio de Dios, usar este don de modo tal que sus beneficios favorezcan solo a unos pocos».[87] Hoy estamos llamados a reconocer que este destino universal no se refiere solo a los bienes materiales, sino también a los bienes inmateriales y culturales.

---

[84] Cf. S. JUAN PABLO II, *Discurso a la 50ª Asamblea General de las Naciones Unidas* (5 octubre 1995), 8: *L'Osservatore Romano*, ed. en lengua española, 13 octubre 1995, 8.

[85] PONTIFICIO CONSEJO JUSTICIA Y PAZ, *Compendio de la doctrina social de la Iglesia*, 171.

[86] S. JUAN PABLO II, Carta enc. *Centesimus annus* (1 mayo 1991), 31: *AAS* 83 (1991), 831.

[87] ID., *Homilía durante la Misa celebrada para los agricultores en Recife, Brasil* (7 julio 1980), 4: *AAS* 72 (1980), 926.

66. Existe un derecho a la propiedad privada que tiene su sentido y su función propia, pero siempre subordinado al destino universal de los bienes. Según san Juan Pablo II, dicha subordinación es la regla de oro del comportamiento social y el «primer principio de todo el ordenamiento ético-social».[88] La tradición de la Iglesia ha visto en la propiedad un medio para custodiar y administrar los bienes de manera que puedan servir mejor al bien común. Dado que «la tradición cristiana nunca reconoció como absoluto o intocable el derecho a la propiedad privada»,[89] su función social no debe ser considerada como una mera opinión teológica, sino como una doctrina cierta de la Iglesia, ya presente en las Sagradas Escrituras y en los Padres. Por eso, el Papa Francisco recordó que la solidaridad, vivida en profundidad, significa también «devolverle al pobre lo que le corresponde».[90]

67. Hoy, entre los bienes que están destinados universalmente a todos, debemos incluir también las nuevas formas de propiedad: patentes, algoritmos, plataformas digitales, infraestructuras tecnológicas, datos. En un contexto donde la riqueza de las naciones depende cada vez más de conocimientos y tecnologías, cuando estos bienes quedan concentrados en las manos de unos pocos, sin adecuadas

---

[88] Id., Carta enc. *Laborem exercens* (14 septiembre 1981), 19: *AAS* 73 (1981), 626.

[89] Francisco, Carta enc. *Laudato si'* (24 mayo 2015), 93: *AAS* 107 (2015), 884; cf. id., Carta enc. *Fratelli tutti* (3 octubre 2020), 120: *AAS* 112 (2020), 1010.

[90] Id., Exhort. ap. *Evangelii gaudium* (24 noviembre 2013), 189: *AAS* 105 (2013), 1099.

formas de intercambio y de acceso, se crea un nuevo desequilibrio que contradice el destino universal de los bienes y alimenta la brecha entre incluidos y excluidos, entre quienes pueden participar en la revolución digital y quienes permanecen al margen. Además, el cuidado de la Casa común y la responsabilidad hacia los pobres y hacia las generaciones futuras requieren que el uso de los bienes de la creación y de las nuevas posibilidades ofrecidas por la técnica esté regulado de tal modo que respete el ambiente y evite despilfarros y nuevas formas de estafa.

El principio de subsidiariedad

68. El principio de subsidiariedad nace de la misma visión sobre la persona que ha guiado nuestra reflexión sobre la dignidad y el bien común. Si toda mujer y todo hombre están llamados a ser protagonistas de su propia vida y a participar en la construcción de la sociedad, entonces también la organización social debe respetar y favorecer esta responsabilidad. La Doctrina social de la Iglesia llama "subsidiariedad" al principio según el cual aquello que pueden hacer las personas, las familias, las comunidades locales y los cuerpos intermedios no debe ser absorbido por instancias superiores. Las instituciones de nivel superior deben reconocer, proteger y promover la libertad y la creatividad de los niveles inferiores, coordinando sus aportaciones para que cooperen eficazmente al bien común.[91]

---

[91] Cf. Pontificio Consejo Justicia y Paz, *Compendio de la doctrina social de la Iglesia*, 187.

69. Desde el inicio del Magisterio social moderno, a partir de León XIII, la Iglesia ha insistido en el hecho de que ni la persona ni la familia deben ser absorbidas por el Estado, sino que deben actuar libremente, en la medida de lo posible, sin causar daño al bien común.[92] San Juan Pablo II retomó y profundizó esta perspectiva, recordando que la comunidad política está al servicio de la sociedad civil y que el Estado debe velar por el bien común, interviniendo cuando sea necesario, pero sin sustituir de manera permanente la responsabilidad de los cuerpos intermedios y de las entidades sociales.[93] La subsidiariedad no justifica el desinterés del Estado, sino que orienta su acción; la intervención pública se requiere precisamente para permitir que todos los sujetos sociales desarrollen su misión sin ser aplastados. Corresponde a la comunidad política crear las condiciones para que personas, familias, asociaciones y cuerpos intermedios puedan realizar su propia vocación social, sin ser sustituidos o reducidos a meros ejecutores.[94]

70. Este principio alienta a superar toda forma de gestión paternalista o asistencialista de la vida social, promoviendo un estilo de corresponsabilidad: un Estado que valora la iniciativa de los ciudadanos y una sociedad civil capaz de generar vínculos y activar energías al servicio del bien común. En una lógica de subsidiariedad, las decisiones se

---

[92] Cf. León XIII, Carta enc. *Rerum novarum* (15 mayo 1891), 26: *ASS* 23 (1890-1891), 656.

[93] Cf. S. Juan Pablo II, Carta enc. *Centesimus annus* (1 mayo 1991), 11: *AAS* 83 (1991), 806-807.

[94] Cf. *ibíd.*

toman al nivel más cercano posible a las personas involucradas, valorando la vida asociativa, de modo que el pueblo no se encuentre frente a decisiones ya tomadas, sino que pueda entrar en su camino de construcción. Allí donde familias, asociaciones, comunidades locales, realidades del voluntariado y del denominado "tercer sector" son reconocidas y sostenidas, la vida social se vuelve más cercana a las personas, los servicios se brindan con mayor atención a las necesidades reales y las respuestas son más creativas y respetuosas de la dignidad de cada uno.[95]

71. El principio de subsidiariedad vale de manera particular en el contexto de la revolución digital. Aquí el nivel superior no es el Estado, sino todo gran actor económico y tecnológico que ejerce un poder fáctico sobre las condiciones de la vida común. El nivel que absorbe competencias, datos y capacidad decisional está constituido por empresas y plataformas, que definen condiciones de acceso, reglas de visibilidad, formas de relación e incluso oportunidades económicas. La subsidiariedad requiere que dichos procesos no se impongan desde lo alto de modo opaco y unilateral, sino que estén orientados al bien común mediante la transparencia, la responsabilidad y formas reales de participación (auditorías independientes, transparencia en los algoritmos, acceso equitativo a los datos, herramientas de apelación).[96]

---

[95] Cf. *ibíd.*, 48: *AAS* 83 (1991), 852-854.

[96] Cf. FRANCISCO, Carta enc. *Fratelli tutti* (3 octubre 2020), 169: *AAS* 112 (2020), 1028.

72. En este contexto, los estados y las instituciones supranacionales están llamados a garantizar reglas justas y mecanismos de protección eficaces para que las comunidades locales, los cuerpos intermedios, las escuelas y las universidades, así como las realidades eclesiales y asociativas puedan tener voz y contribuir al discernimiento de las decisiones que inciden en la vida de las personas: trabajo, acceso a los servicios, gestión de los datos y ambientes digitales. En las decisiones que se refieren a los flujos económicos, las plataformas digitales, la gestión de los datos y los algoritmos, no se puede dejar que pocos actores por sí solos orienten los procesos, sino que es necesario construir formas de cooperación que respeten los diversos niveles de la comunidad mundial y los hagan corresponsables del bien común.[97]

El principio de solidaridad

73. Después de haber considerado el bien común y la subsidiariedad, deseo detenerme en el principio de solidaridad. Este principio nace de la visión de persona concebida por la fe; todo ser humano es creado a imagen de Dios e incorporado a una red de relaciones que lo vinculan a los demás, a los pueblos y a la creación. San Pablo VI recordaba que las obligaciones de solidaridad, justicia y caridad están radicadas en la fraternidad humana y sobrenatural que une a los hombres y a los pueblos entre ellos.[98] La fraternidad no es solamente una

---

[97] Cf. *ibíd.*, 168: *AAS* 112 (2020), 1027-1028.

[98] Cf. S. Pablo VI, Carta enc. *Populorum progressio* (26 marzo 1967), 17: *AAS* 59 (1967), 265-266.

aspiración interior del que cree, sino una forma social y política que se ha de encarnar en decisiones e itinerarios compartidos. La solidaridad, pues, es el reconocimiento concreto de que el destino de cada uno está ligado al destino de todos; realmente «nadie se salva solo».[99] Así se manifiesta de manera evidente el estrecho vínculo entre subsidiariedad y solidaridad. Cuando la subsidiariedad no está acompañada de la solidaridad, termina por transformarse en la simple protección de intereses particulares; cuando la solidaridad no está sostenida por la subsidiariedad, degenera en asistencialismo que no promueve la responsabilidad.[100] Este entramado remite también a la responsabilidad de una auténtica participación; la solidaridad se expresa cuando cada uno, personalmente y junto con los demás, toma parte en la vida de la comunidad –se informa, se asocia, hace sentir su propia voz, contribuye a las decisiones y a las opciones públicas– asumiendo responsabilidades reales para que el bien común se traduzca en toma de decisiones compartidas.

74. En muchos ámbitos experimentamos ya una especie de "solidaridad de hecho"; nuestras vidas están entrelazadas, las economías y las comunicaciones globales hacen que aquello que sucede en un lugar produzca efectos lejanos, y las redes digitales unen en tiempo real a personas y comunidades de todas partes del mundo. Sin embargo,

---

[99] Francisco, Carta enc. *Fratelli tutti* (3 octubre 2020), 32 y 54: *AAS* 112 (2020), 980 y 988.

[100] Cf. Benedicto XVI, Carta enc. *Caritas in veritate* (29 junio 2009), 58: *AAS* 101 (2009), 693-694.

esta trama de relaciones no es aún solidaridad en sentido pleno si no se convierte en una decisión consciente. La fe nos invita a leer esta realidad como una llamada; no somos simplemente vecinos unos de otros, sino que estamos confiados los unos a los otros, para que cada uno se haga cargo, en la medida de lo posible, de la vida y de las heridas del hermano y de la hermana. La solidaridad nace precisamente cuando decidimos no permanecer indiferentes frente a aquello que le sucede a nuestro prójimo y transformamos vínculos inevitables –económicos, culturales y tecnológicos– en itinerarios de intercambio, de cooperación y de cuidado mutuo, aprendiendo a «pensar y actuar en términos de comunidad».[101]

75. El Magisterio social ha insistido en el hecho de que la solidaridad es al mismo tiempo un principio y una virtud. En cuanto principio, expresa el orden objetivo de las relaciones entre personas, grupos y pueblos, y alude a la conciencia de una interdependencia, por lo que el bien de cada uno pasa a través del bien de los demás. En cuanto virtud, requiere en cambio una «determinación firme y perseverante»[102] de trabajar por el bien común, con una atención particular a los más débiles. El Papa Francisco ha recordado que la solidaridad es «un modo de hacer historia»[103] que construye pueblos y no simples masas de individuos. Por eso, implica

---

[101]	Francisco, Carta enc. *Fratelli tutti* (3 octubre 2020), 116: *AAS* 112 (2020), 1009.

[102]	S. Juan Pablo II, Carta enc. *Sollicitudo rei socialis* (30 diciembre 1987), 38: *AAS* 80 (1988), 564.

[103]	Francisco, Carta enc. *Fratelli tutti* (3 octubre 2020), 116: *AAS* 112 (2020), 1009.

estilos de vida sobrios y compartidos, capacidad de renunciar a beneficios inmediatos para abrir espacios de futuro a los demás, y disponibilidad para cuestionar hábitos y privilegios –incluidos aquellos que están vinculados al consumo digital y al uso de las tecnologías– cuando impiden que los demás vivan con dignidad.

76. En un mundo marcado por relaciones cada vez más estrechas entre personas, comunidades y naciones, la solidaridad asume también una dimensión global. Benedicto XVI señaló con fuerza el nexo entre desarrollo, justicia y responsabilidad hacia las generaciones futuras, recordando que el auténtico progreso requiere una solidaridad intergeneracional[104] y una atención a los lazos que nos unen con el ambiente natural. Hoy esta responsabilidad se extiende también a las infraestructuras digitales e informativas; como el ambiente natural, también el "ecosistema digital" puede ser cuidado o explotado, compartido o monopolizado. La solidaridad requiere que las decisiones en materia de datos, algoritmos, plataformas e IA tengan en cuenta no solo el beneficio inmediato de algunos, sino el impacto en todos los pueblos y en las generaciones futuras.

El principio de la justicia social

77. Para la comunidad cristiana, la justicia social es una forma concreta de seguimiento de Jesús y de fidelidad a su Evangelio. En el Nuevo Testamento,

---

[104] Cf. BENEDICTO XVI, Carta enc. *Caritas in veritate* (29 junio 2009), 48: *AAS* 101 (2009), 685.

Jesús anuncia una «Buena Noticia a los pobres» (*Lc* 4,18) y se identifica con los pequeños, los enfermos, los presos y los extranjeros (cf. *Mt* 25,31-46). Así nos enseña que la justicia nace y se realiza en la fraternidad, porque el modo en el que nos acercamos a los últimos y nos relacionamos con ellos se convierte, en concreto, en la medida de nuestra relación con Dios y con los hermanos. La justicia, sin embargo, no se refiere solamente al comportamiento de los individuos, sino también al modo en el que son concebidas y organizadas las estructuras de la convivencia. A este respecto, el Concilio Vaticano II recuerda que toda institución está llamada a servir a la persona humana y a su dignidad.[105] La justicia social se reconoce, entonces, por la capacidad de un orden social, económico y político que permita a todos –y en particular a los más frágiles– vivir de manera realmente humana, sin que ninguno se quede atrás.

78. El Magisterio reciente ha insistido en el hecho de que la justicia social exige una mirada cuyo punto de partida sean los últimos. San Juan Pablo II habló de una opción preferencial por los pobres[106] que debe marcar las decisiones personales y sociales, mientras el Papa Francisco denunció una «cultura del "descarte"»[107] que provoca cada vez más formas nuevas de exclusión. En esta perspectiva, la justicia social exige mirar a

---

[105]   Cf. Conc. Ecum. Vat. II, Const. past. *Gaudium et spes*, 25: *AAS* 58 (1966), 1045-1046.

[106]   Cf. S. Juan Pablo II, Carta enc. *Sollicitudo rei socialis* (30 diciembre 1987), 42: *AAS* 80 (1988), 572-574.

[107]   Francisco, Exhort. ap. *Evangelii gaudium* (24 noviembre 2013), 53: *AAS* 105 (2013), 1042.

las personas y a los pueblos comenzando por los que son más vulnerables: los pobres, los migrantes, los refugiados, los desplazados internos, las víctimas de la violencia, las personas que viven en periferias urbanas o existenciales.

79. La idea de "justicia social" ayuda a reconocer que las injusticias no nacen solo de decisiones equivocadas de los individuos, sino también de estructuras, mecanismos, sistemas económicos y culturales que producen desigualdad casi automáticamente. San Juan Pablo II habló en este sentido de estructuras de pecado[108] que se oponen a la voluntad de Dios y requieren un esfuerzo de conversión personal y social. En esta perspectiva, la justicia no concierne solo a la distribución equitativa de los bienes o a la corrección de las injusticias presentes, sino que asume también una dimensión reparadora. Ella mira a recomponer los vínculos rotos y a reintegrar al que ha sido excluido, teniendo en cuenta las heridas provocadas por las injusticias: guerras, colonialismo, discriminaciones raciales o de género, violencia contra pueblos enteros y explotación. Esto puede significar restituir dignidad y voz a quienes han sido ignorados, favorecer procesos de sanación de la memoria colectiva, combatir leyes y prácticas discriminatorias, y sostener concretamente a quienes cargan aún con las consecuencias de agravios sufridos en el pasado.

80. En este tiempo, la justicia social debe confrontarse también con el ambiente creado por las

---

¹⁰⁸ Cf. S. Juan Pablo II, Carta enc. *Sollicitudo rei socialis* (30 diciembre 1987), 36-37: *AAS* 80 (1988), 561-564.

tecnologías digitales. La difusión de redes globales, plataformas y sistemas de IA cambia el modo de informarse, de comunicar y de acceder a los servicios. La justicia exige que se impida el surgimiento de nuevas formas de exclusión y privación de la libertad: personas y pueblos a los que se les niega o dificulta el acceso a las tecnologías básicas, comunidades expuestas a vigilancia invasiva y grupos sociales perjudicados por algoritmos opacos que reproducen prejuicios y discriminaciones. Un orden social justo en la era digital es aquel que garantiza a todos un acceso igualitario a las oportunidades, protege a los más pequeños y a los más frágiles, se opone al odio y a la desinformación, y somete a control público el uso de los datos y de las tecnologías, de modo que el criterio no sea solo el beneficio sino la dignidad de cada persona y el bien de los pueblos.

81. Un examen decisivo para la justicia social hoy está representado por la condición de los migrantes, de los refugiados y de cuantos son obligados a desplazarse a causa de la pobreza, la violencia, el cambio climático y los desastres naturales. El modo en el cual una sociedad los trata muestra si su idea de justicia está guiada por el miedo o por la fraternidad. El Papa Francisco invitaba a reconocer en los migrantes no simplemente un problema a resolver, sino «una imagen viva del Pueblo de Dios en camino»;[109] personas con dignidad, recursos y sueños, que tienen derecho a ser

---

[109] FRANCISCO, *Mensaje para la 110ª Jornada Mundial del Migrante y del Refugiado* (29 septiembre 2024): *AAS* 116 (2024), 735.

tratadas con respeto y piden la oportunidad de poder formar parte activa de las sociedades que las reciben. La justicia social, en este campo, implica al menos dos compromisos complementarios. Por una parte, proteger el derecho a la esperanza de quien está obligado a partir, garantizándole vías seguras y legales, condiciones de acogida dignas y procesos reales de integración. Por otra, promover también el derecho a permanecer en la propia tierra en paz y seguridad, afrontando las causas profundas que obligan a migrar, incluidas las causas vinculadas a las injusticias económicas y a la crisis climática. Cuando estos derechos son respetados, las migraciones pueden ser una ocasión de encuentro y enriquecimiento mutuo entre los pueblos.

El desarrollo humano integral

82. En la Encíclica *Populorum progressio*, san Pablo VI afirma que el desarrollo es auténtico solo si es "integral", es decir, dirigido a «promover a todos los hombres y a todo el hombre».[110] En los decenios sucesivos, la Doctrina social de la Iglesia ha retomado y profundizado esta expresión para indicar el modo concreto en el cual los grandes principios –dignidad, bien común, destino universal de los bienes, subsidiariedad, solidaridad y justicia social– se aplican en la historia. Por "desarrollo humano integral" entendemos un proceso en el cual el crecimiento de las personas y de los pueblos abarca todas las dimensiones de la

---

[110] S. Pablo VI, Carta enc. *Populorum progressio* (26 marzo 1967), 14: *AAS* 59 (1967), 264.

existencia y abre el futuro también a las generaciones venideras.

83. El desarrollo, tanto para las personas como para las naciones, es una tarea y al mismo tiempo un derecho; requiere condiciones mínimas que hagan posible a cada persona y a cada pueblo madurar según la propia dignidad, sin ser mantenidos en dependencia o excluidos del acceso a los bienes necesarios. El desarrollo es humano cuando pone en el centro a las personas y no la acumulación de bienes, y cuando se refiere también a los pueblos, no solo a los individuos. La justicia exige el reconocimiento de los derechos sociales y de los derechos de los pueblos, e incluye la responsabilidad hacia los que vendrán después de nosotros. Por eso no es humano un desarrollo que aumenta el consumo de algunos a expensas de costos y heridas en otros, o que relega regiones enteras a roles subordinados impidiéndoles expresar sus propias potencialidades.[111] El desarrollo es integral cuando no se reduce al ámbito económico, sino que promueve la calidad de vida en sus dimensiones espirituales, culturales, morales y relacionales, en el respeto a la Casa común, a la diversidad de los pueblos y a sus modos de vivir.[112]

---

[111] Cf. *ibíd.*, 17: *AAS* 59 (1967), 265-266; FRANCISCO, Carta enc. *Fratelli tutti* (3 octubre 2020), 125-127: *AAS* 112 (2020), 1012-1013.

[112] Cf. S. PABLO VI, Carta enc. *Populorum progressio* (26 marzo 1967), 14: *AAS* 59 (1967), 264; BENEDICTO XVI, *Discurso al Cuerpo Diplomático acreditado ante la Santa Sede* (8 enero 2007): *AAS* 99 (2007), 73; FRANCISCO, *Discurso en el III Foro de los pueblos indígenas convocado por el Fondo Internacional de Desarrollo Agrícola* (15 febrero 2017): *AAS* 109 (2017), 244-245.

84. La idea de desarrollo humano integral encuentra hoy un criterio decisivo de verificación en la ecología integral, convertida en una dimensión imprescindible de la Doctrina social de la Iglesia. La calidad del desarrollo, de hecho, se mide por su capacidad de mantener unidos, sin separar, la justicia hacia las personas y la custodia de la Casa común, favoreciendo condiciones de vida digna, acceso a los bienes necesarios, relaciones sociales justas, cuidado de la creación y atención a las generaciones futuras. De ahí se sigue que no es verdadero progreso aquello que aumenta el bienestar de algunos degradando los ecosistemas, descargando costos sobre las comunidades más vulnerables o comprometiendo las condiciones de vida de quienes vendrán después de nosotros.

85. Así comprendido, el desarrollo humano integral es el horizonte en el cual se han de leer las transformaciones de nuestro tiempo, incluidas las de la revolución digital. Las innovaciones tecnológicas –incluida la inteligencia artificial– no son neutrales; pueden aumentar la participación y la justicia, o ampliar las desigualdades, el control y la exclusión. Por eso, han de ser examinadas con una pregunta decisiva: ¿contribuyen realmente a hacer crecer a las personas y a los pueblos en humanidad y fraternidad, en el respeto a la Casa común y a las generaciones futuras? Es aquí donde los principios de la Doctrina social se vuelven criterios concretos de discernimiento en los ámbitos que afrontaremos en los próximos capítulos.

86. En conclusión, deseo tocar un punto que me preocupa de manera particular. La Doctrina social no es solo una palabra dirigida a la sociedad; es también un examen de conciencia para la Iglesia, casa y escuela de comunión, siempre llamada a verificar que los principios expuestos en este capítulo se vivan sobre todo en su interior. El bien común, en el ámbito eclesial, toma el rostro de un estilo sinodal para la misión al servicio del Reino. La Iglesia, en efecto, es «el sujeto comunitario e histórico de la sinodalidad y de la misión».[113] Esto requiere atención al modo de tomar decisiones y de ejercer la responsabilidad. El *Documento final* del Sínodo identifica, entre las prácticas decisivas para la transformación misionera, la cultura de la transparencia, la rendición de cuentas y la evaluación.[114]

87. En esta perspectiva, la subsidiariedad se convierte en un criterio de gobierno y de vida pastoral, que reconoce y sostiene la responsabilidad de los fieles y de los cuerpos intermedios eclesiales, valorando carismas y competencias, y evitando todo paternalismo que sofoca la libertad evangélica. Concretamente, la participación de los bautizados en los procesos de decisión y la corresponsabilidad en la misión pasan a través de organismos de participación reales, no nominales.[115]

---

[113] *Documento Final de la Segunda Sesión de la XVI Asamblea General Ordinaria del Sínodo de los Obispos* (26 octubre 2024), 17.

[114] Cf. *ibíd.*, 11.

[115] Cf. *ibíd.*, 103-108.

88. La solidaridad, para la comunidad cristiana, tiene su fuente en el misterio de Cristo y se nutre de la Eucaristía. Esta nace de la comunión en la fe y en los sacramentos: el Bautismo y la Confirmación nos unen en Cristo, para que seamos un solo cuerpo y un solo espíritu, un solo corazón y una sola alma (cf. *Ef* 4,4; *Hch* 4,32). La Eucaristía, sacramento de la unidad, alimenta nuestra pertenencia al cuerpo de Cristo y nos enseña a compartir. Las diversas sensibilidades presentes en la Iglesia, las convicciones fuertes que animan a cada uno, son una riqueza si permanecen ancladas en la certeza de la unidad como don recibido y como tarea por asumir.

89. Vivir la justicia en la Iglesia significa sanear las relaciones y las estructuras eclesiales de aquellas distorsiones que generan desigualdades, falta de claridad y atropellos. Al respecto, la escucha de las víctimas de abusos espirituales, económicos, institucionales, sexuales, de poder y de conciencia es parte integrante de un camino de justicia, que comprende el reconocimiento del daño, la reparación justa y la prevención. Todo poder está al servicio de la comunión y la misión. Toda autoridad está al servicio del Pueblo de Dios. Esta diaconía se manifiesta no solo en la fe celebrada y vivida en los sacramentos, y en la adopción de un estilo sinodal, sino también en el hecho de compartir concretamente los bienes. Siguiendo el ejemplo de la Iglesia primitiva, los recursos eclesiales están llamados a ser realmente comunes, para que entre nosotros no haya necesitados (cf. *Hch* 4,34) y para que su administración sostenga la misión de

anunciar el Evangelio a los más pobres. Han de promoverse formas regulares de evaluación del ejercicio de las responsabilidades ministeriales, que no sean un juicio sobre las personas, sino instrumentos de formación y de corrección orientados a la misión.[116] Estos principios de la Doctrina social se encarnan en la vida eclesial en la medida en que estemos abiertos a la acción del Espíritu Santo. De ese modo, la Iglesia es capaz de ofrecer a la sociedad un signo creíble: porque buscar juntos el bien de todos, en la corresponsabilidad y en la fraternidad, no es una utopía, sino una posibilidad real.[117]

---

[116] Cf. *ibíd.*, 100-101.

[117] Cf. Francisco, Carta enc. *Fratelli tutti* (3 octubre 2020), 94: *AAS* 112 (2020), 1001.

CAPÍTULO TERCERO

TÉCNICA Y DOMINIO. LA GRANDEZA DE LA PERSONA HUMANA ANTE LAS PROMESAS DE LA IA

90. Después de haber recordado los principios que iluminan la Doctrina social, deseo dirigir la mirada hacia algunos desafíos que afectan a nuestro modo de vivir este tiempo. La imagen bíblica que acompaña estas páginas es la de una construcción: por un lado, la torre de Babel, donde la obra común está guiada por un proyecto de dominio que termina por deshumanizar (cf. *Gn* 11,1-9); por otro lado, las ruinas de Jerusalén, que con Nehemías se reconstruyen pieza por pieza, como una labor de responsabilidad compartida (cf. *Ne* 2-6). Estamos llamados a interrogarnos sobre el gran proyecto de nuestra época: ¿qué estamos construyendo? Mientras el desarrollo tecnológico cambia rápidamente lenguajes, relaciones, instituciones y formas de poder, nosotros, los creyentes, debemos y podemos elegir en qué proyecto trabajar y con qué estilo, para custodiar y valorar la magnífica humanidad que nos ha sido brindada como don. No se trata de una decisión sobre nuestro futuro, sino sobre nuestro presente, porque la IA y las demás tecnologías emergentes ya son parte de nuestra vida cotidiana.

91. Me acompaña la convicción de que el modo concreto de vivir las relaciones sociales a la luz

del Evangelio no está establecido de una vez para siempre, sino que sigue siendo una tarea confiada de generación en generación a la comunidad cristiana. Bajo la guía del Espíritu Santo, la Iglesia se deja iluminar por la Palabra, para leer los signos de los tiempos y buscar con creatividad nuevos caminos para que las relaciones entre las personas y los pueblos estén cada vez más de acuerdo con las exigencias del Reino de Dios.[118] Por eso animo a todos, de manera particular a los fieles laicos, a no tener miedo de dejarse interpelar por la realidad, de ponerse a la escucha recíproca y de asumir con firmeza la propia responsabilidad en la construcción de una sociedad más humana y fraterna.

El paradigma tecnocrático y el poder digital

92. En la Encíclica *Laudato si'* el Papa Francisco denunciaba el creciente afianzamiento de un paradigma tecnocrático[119] en el mundo globalizado: la tendencia a dejar que la lógica de la eficiencia, del control y del lucro gobierne por sí sola las decisiones personales, sociales y económicas. Así aparece con mayor evidencia que la técnica no es un simple instrumento y que, cuando se vuelve criterio, termina por establecer qué cuenta y qué puede descartarse, reduciendo la creación a un objeto de explotación y a las personas a engranajes de un sistema que sea cada vez más eficaz.

---

[118] Cf. Pontificio Consejo Justicia y Paz, *Compendio de la doctrina social de la Iglesia*, 53.

[119] Cf. Francisco, Carta enc. *Laudato si'* (24 mayo 2015), 106-109: *AAS* 107 (2015), 889-891.

93. Este paradigma se ha extendido rápidamente en los últimos años, también como efecto de la difusión de la IA, las ciencias cognitivas, la nanotecnología, la robótica y la biotecnología. En sí mismas, dichas innovaciones pueden ser una gran ayuda para el desarrollo humano integral y el cuidado de la Casa común. Pero, precisamente por su poder, pueden actuar como un acelerador del paradigma tecnocrático y, por ello, necesitan un nuevo marco espiritual, ético y político. Más poderoso no significa necesariamente mejor. En este sentido, siguen siendo actuales las palabras de Romano Guardini: «El hombre moderno no está preparado para utilizar el poder con acierto».[120]

94. El peligro de que la humanidad sea víctima de sus propias conquistas había sido ya percibido con lucidez por san Pablo VI, cuando advertía que «los progresos científicos más extraordinarios, las proezas técnicas más sorprendentes, el crecimiento económico más prodigioso, si no van acompañados de un auténtico progreso social y moral, se vuelven, en definitiva, contra el hombre».[121] Por eso el progreso técnico, valioso en sí mismo, requiere un discernimiento sobre la visión antropológica que lo guía y los fines que persigue. Si el desarrollo tecnológico avanza sin una adecuada maduración ética y social, puede suceder que aumenten los medios sin que

---

[120] R. Guardini, *El ocaso de la edad moderna*, Madrid 1963, 111.
[121] S. Pablo VI, *Discurso en el 25º aniversario de la FAO* (16 noviembre 1970): *AAS* 62 (1970), 833.

crezca en la misma medida la humanidad: se "tiene más", pero no se "es más", y la persona corre el riesgo de ser valorada principalmente en base al rendimiento que ofrece.[122]

95. Aquí es necesario reconocer un aspecto decisivo, que ya he mencionado antes: en muchos casos, en el contexto digital, el control de las plataformas, las infraestructuras, los datos y la capacidad de cálculo no es prerrogativa de los estados, sino de grandes actores económicos y tecnológicos que, de hecho, determinan las condiciones de acceso, las reglas de visibilidad y las mismas posibilidades de participación. Cuando un poder de tal magnitud se concentra en pocas manos, tiende a hacerse opaco y a eludir el control público, y crece el riesgo de un desarrollo distorsionado que provoca nuevas dependencias, exclusiones, manipulaciones y desigualdades.

96. Frente a esta concentración de poder en el mundo digital, los grandes principios de la Doctrina social se convierten en criterios para juzgar y discernir el nuevo escenario: la dignidad inalienable de la persona, el bien común, el destino universal de los bienes, la subsidiariedad, la solidaridad y la justicia social. Estos principios exigen verificar si el poder de las infraestructuras digitales y de los algoritmos favorece realmente la participación y la responsabilidad, protege a los más vulnerables, asegura un acceso equitativo a

---

[122] Cf. Francisco, *Discurso al Consejo para un capitalismo inclusivo* (11 noviembre 2019): *L'Osservatore Romano*, 11-12 noviembre 2019, 8.

las oportunidades y se ordena al bien de todos. Con estas premisas podemos entonces considerar más de cerca qué es la inteligencia artificial, qué posibilidades abre y qué riesgos comporta.

LA INTELIGENCIA ARTIFICIAL

97. No es mi intención ofrecer aquí un tratado sobre la inteligencia artificial, ni recorrer una bibliografía que ya es muy amplia; existen actualmente contribuciones importantes, también en el ámbito eclesial, a las que es posible hacer referencia.[123] Me limito a recordar algunos elementos esenciales para un discernimiento moral y social que proteja el primado de la persona, con el fin de que sea siempre la inteligencia humana, con su conciencia y su libertad, la que guíe las innovaciones técnicas y establezca con responsabilidad su uso y sus límites.

98. Es oportuno anteponer dos consideraciones: la primera es que cualquier afirmación sobre la IA

---

[123] Cf. DICASTERIO PARA LA DOCTRINA DE LA FE – DICASTERIO PARA LA CULTURA Y LA EDUCACIÓN, Nota *Antiqua et nova* (14 enero 2025): *AAS* 117 (2025), 159-210; FRANCISCO, *Mensaje para la 57ª Jornada Mundial de la Paz* (8 diciembre 2023): *AAS* 116 (2024), 54-64; ID., *Mensaje para la 58ª Jornada Mundial de las Comunicaciones Sociales* (24 enero 2024): *AAS* 116 (2024), 261-266; ID., *Discurso en la Sesión del G7 sobre la inteligencia artificial. "Un instrumento fascinante y tremendo"* (14 junio 2024): *AAS* 116 (2024), 866-875; COMISIÓN TEOLÓGICA INTERNACIONAL, *Quo vadis, humanitas? Pensar la antropología cristiana ante algunos escenarios futuros de la humanidad* (9 febrero 2026); *Mensaje para la 60ª Jornada Mundial de las Comunicaciones Sociales* (24 enero 2026): *L'Osservatore Romano*, ed. en lengua española, febrero 2026, 63-67.

corre el riesgo de quedar obsoleta en poco tiempo, dada la impresionante velocidad de desarrollo de estos sistemas. En segundo lugar, todos nosotros, incluidos quienes los diseñan, sabemos muy poco sobre su funcionamiento efectivo. Las inteligencias artificiales modernas están más "cultivadas" que "construidas": los desarrolladores no diseñan directamente cada detalle, sino que crean una arquitectura sobre la cual la IA "crece". En consecuencia, los aspectos científicos fundamentales –como las representaciones internas y los procesos computacionales de estos sistemas– siguen siendo desconocidos. Se manifiesta, por tanto, la urgencia de un doble compromiso: por una parte, una profundización de la investigación científica; por otra, un ejercicio de discernimiento moral y espiritual.

99. No es posible dar una definición única y completa de la IA. Lo que podemos decir es que hay que evitar el equívoco de equiparar esta "inteligencia" a la humana. Estos sistemas imitan ciertas funciones de la inteligencia humana. Al hacerlo, a menudo la superan en velocidad y amplitud de cálculo, ofreciendo beneficios concretos en numerosos campos. Y, sin embargo, esta potencia sigue ligada exclusivamente al tratamiento de datos: las denominadas inteligencias artificiales no viven una experiencia, no poseen un cuerpo, no pasan por la alegría y el dolor, no maduran en las relaciones ni conocen desde dentro lo que significan el amor, el trabajo, la amistad y la responsabilidad. Tampoco tienen una conciencia moral: no juzgan el bien y el mal, no captan el sentido último de las situaciones

ni asumen el peso de las consecuencias. Pueden imitar lenguajes, comportamientos, valoraciones; pueden simular empatía o comprensión, pero no conocen lo que producen, porque no residen en el horizonte afectivo, relacional y espiritual en el que el ser humano se vuelve sabio. Incluso cuando dichos instrumentos se presentan como capaces de "aprender", lo hacen de modo diferente al de la persona humana. No es la experiencia de quien se deja modelar por la vida y crece en el tiempo por medio de decisiones, errores, perdón y fidelidad; es más bien una adaptación estadística a partir de datos y retroalimentaciones, que puede ser muy eficaz, pero no implica un crecimiento interior.

Una ayuda valiosa que requiere atención

100. A la luz de cuanto se ha dicho, podemos comprender mejor por qué la IA puede ser una valiosa ayuda y, al mismo tiempo, exija un enfoque prudente y cauteloso. En los últimos años su uso privado ha crecido notablemente, y desde distintos ámbitos se reflexiona sobre las oportunidades y los riesgos vinculados a su rápida difusión. En el uso personal, tres aspectos, en particular, deben ser tenidos en especial consideración: la facilidad para lograr el resultado, la impresión de objetividad y la simulación de la comunicación humana. La velocidad y la sencillez con la que es posible obtener indicaciones, elaboraciones complejas, contenidos mediáticos y formas de asistencia concreta simplifican nuestras vidas, pero también pueden acostumbrarnos a delegar demasiado y a buscar respuestas rápidas, debilitando

el juicio personal y la creatividad. La impresión de objetividad que las respuestas y las propuestas de estos sistemas pueden suscitar, corre el riesgo de hacernos olvidar que estas reflejan los parámetros culturales de quienes las han proyectado y adiestrado, con todas sus virtudes y defectos. La imitación artificial de una comunicación humana positiva –palabras de consejo, de empatía, de amistad, de amor– puede resultar gratificante e incluso útil, pero en usuarios poco conscientes puede inducir a engaño y dar la falsa impresión de estar en una relación con un auténtico sujeto personal. Cuando la palabra es simulada, esta no construye una relación, sino una apariencia. La imitación artificial de la relación de cuidado o de acompañamiento puede ser peligrosa cuando se introduce en un contexto pobre de relaciones y de afectos reales; entonces el riesgo no es tanto que una persona crea que está hablando con otra persona, sino que pierda el deseo mismo de buscar realmente al otro.

101. Ampliando la mirada al uso de la IA en nuestras sociedades, constatamos que ya está presente en procesos de decisión en todos los ámbitos y a diversos niveles: en la comunicación, la gestión y el control. Las ventajas en términos de eficiencia y las potencialidades de mejora de algunos servicios son evidentes; sin embargo, una adopción rápida y acrítica nos expone a diversos riesgos, como el de subestimar el impacto ambiental. Los actuales sistemas de IA requieren grandes cantidades de energía y agua, inciden de manera significativa en las emisiones de anhídrido carbónico y consumen recursos de manera intensiva. Con

el aumento de la complejidad, sobre todo en los grandes modelos lingüísticos, crecen también las necesidades de potencia de cálculo y capacidad de almacenamiento, que se apoyan en un conjunto de máquinas, cables, centros de datos e infraestructuras consumidoras de energía. Por eso es esencial desarrollar soluciones tecnológicas más sostenibles para reducir el impacto sobre el medioambiente y cuidar nuestra Casa común.[124]

Responsabilidad, transparencia y gobernanza de la IA

102. El uso de la IA nunca es un hecho puramente técnico: cuando entra en procesos que inciden en la vida de las personas, afecta a sus derechos, oportunidades, reputación y libertad. Las decisiones delicadas que repercuten en el trabajo, el acceso a créditos y a otros servicios, y la reputación de las personas, corren el riesgo de ser confiadas completamente a sistemas automatizados que no conocen «la compasión, la misericordia, el perdón y, sobre todo, la apertura a la esperanza de cambio en el individuo»,[125] pudiendo así producir nuevas formas de descarte. Puede haber usos evidentemente antihumanos, como la manipulación de la información o la violación de la privacidad, pero puede haber también un engaño menos evidente, cuando los sistemas de IA, presentándose como neutrales

---

[124] Cf. Dicasterio para la Doctrina de la Fe – Dicasterio para la Cultura y la Educación, Nota *Antiqua et nova* (14 enero 2025), 96: *AAS* 117 (2025), 201.

[125] Francisco, *Discurso en los "Minerva Dialogues" organizados por el Dicasterio para la Cultura y la Educación* (27 marzo 2023): *AAS* 115 (2023), 465.

y objetivos, reflejan y refuerzan estereotipos o posiciones ideológicas de quienes los han diseñado y programado.

103. Confiar, en la práctica, a un algoritmo el poder de seleccionar quién es digno y quién no, sin que nadie asuma el peso de la decisión, significa encomendarle la tarea de redefinir los límites de las posibilidades humanas. Lo que disminuye, en este proceso, no es solo la empatía hacia el excluido, que puede ser imitada artificialmente, sino la responsabilidad política, porque el descarte de los débiles queda revestido de una neutralidad y una objetividad, ante las cuales es imposible protestar. Y, de ese modo, la injusticia se realiza silenciosamente y la compasión, la misericordia y el perdón, no como simple apariencia, sino como gestos políticos, desaparecen del horizonte.

104. De esto se deriva una consecuencia sencilla pero apremiante: no podemos considerar a la IA como moralmente neutra. En realidad, todo artefacto técnico lleva consigo decisiones y prioridades: lo que mide, lo que ignora, lo que optimiza y el modo en que clasifica personas y situaciones. Si un sistema se concibe o emplea tratando algunas vidas como menos dignas, o las excluye sin posibilidad de apelación, no es un simple instrumento que "hay que usar correctamente"; introduce ya un criterio que contradice la dignidad inalienable de la persona. Por eso, el discernimiento ético no se puede limitar a preguntarse si usamos un determinado sistema para un fin bueno o malo, sino que debe interrogarse también sobre

el modo en el que está diseñado y qué idea de persona y de sociedad queda inscrita en los datos y en los modelos que lo guían.[126]

105. Para que la IA respete la dignidad humana y sirva realmente al bien común, es esencial que las responsabilidades estén claras en todas las etapas: desde quienes diseñan y programan los sistemas hasta quienes los utilizan y quienes resuelven confiarles las decisiones concretas. En muchos casos, sin embargo, los procesos internos que conducen a un resultado pueden ser poco transparentes, y eso hace más difícil atribuir responsabilidades y corregir los errores. Es aquí donde se vuelve decisivo lo que llamamos "responsabilidad" (*accountability*): la posibilidad de identificar quién debe "rendir cuentas" de las decisiones, motivarlas, controlarlas y, cuando es necesario, cuestionarlas y remediar los daños que derivan de ellas.[127]

106. Pedir prudencia, controles rigurosos y, en ocasiones, también una ralentización en la adopción de la IA no significa estar en contra del progreso, sino ejercitar un cuidado responsable hacia la familia humana. Esta exigencia es aún más urgente porque existe a menudo un desequilibrio entre la velocidad del desarrollo tecnológico y el ritmo al que maduran la conciencia, las normas, los controles y las instituciones capaces de gobernar sus efectos. No basta invocar genéricamente

---

[126] Cf. Dicasterio para la Doctrina de la Fe – Dicasterio para la Cultura y la Educación, Nota *Antiqua et nova* (14 enero 2025), 41: *AAS* 117 (2025), 178.

[127] Cf. *ibíd.*, 44-45: *AAS* 117 (2025), 179-180.

la ética; se necesitan marcos jurídicos adecuados, vigilancia independiente, educación de los usuarios, una política que no renuncie a su tarea. De otro modo, el cambio será gobernado solo por lógicas tecnocráticas y presentado como necesario e imprescindible, terminando por imponer reglas dictadas por quienes poseen datos, infraestructuras y capacidad de cálculo.

107. No podemos limitarnos a invocar la moralización de la máquina, la denominada "alineación" de la IA con los valores humanos, sin tener la valentía de poner una condición ulterior: la posibilidad de discutir el código ético que debe ser usado, sometiéndolo a criterios de justicia social compartida. De lo contrario, quien controla la IA impondrá su propia visión moral, que se convertirá en la infraestructura invisible de los sistemas. No serviría de nada una IA más moral, si esta moral es decidida por unos pocos. Se necesita una política más presente, capaz de ralentizar donde todo acelera y de proteger los espacios en los que las comunidades pueden seguir participando e interrogándose.

108. En efecto, como ocurre con todo gran avance tecnológico, la IA tiende a aumentar sobre todo el poder de quien ya dispone de recursos económicos, competencias y acceso a los datos. A la luz del bien común y del destino universal de los bienes, este fenómeno suscita seria preocupación: pequeños grupos muy influyentes pueden orientar informaciones y consumos, condicionar procesos democráticos e incidir en las dinámicas

económicas en beneficio propio, contradiciendo la justicia social y la solidaridad entre los pueblos. Por eso es indispensable que el uso de la IA –sobre todo cuando involucra bienes públicos y derechos fundamentales– esté acompañado de criterios claros y controles efectivos, inspirados en la participación y la subsidiariedad; las comunidades y los cuerpos intermedios no pueden ser reducidos a destinatarios de decisiones tomadas en otros lugares, sino que deben poder contribuir al discernimiento y a la vigilancia. Además, la propiedad de los datos no puede confiarse solo al sector privado, sino que debe reglamentarse. Estos son fruto del aporte de muchos y no pueden ser vendidos o confiados a unos pocos. Hace falta una creatividad capaz de gestionarlos como uno de los bienes comunes o colectivos, en la lógica del compartir, como ya sugería san Juan Pablo II a propósito de los bienes colectivos.[128]

109. Los principios de la Doctrina social nos ayudan a leer esta nueva realidad. En un mundo donde pocos sujetos concentran datos, capital informático y capacidad normativa, hablar de bien común significa desenmascarar esta nueva asimetría epistémica, económica y política, nombrando los nuevos monopolios de la IA. Hablar de destino universal de los bienes significa encontrar modos de asegurar el acceso universal a las tecnologías y a la formación. Hablar de subsidiariedad exige proteger la capacidad de las comunidades de decidir y corregir, sin relegar su intervención

---

[128] Cf. S. Juan Pablo II, Carta enc. *Centesimus annus* (1 mayo 1991), 40: *AAS* 83 (1991), 843.

a una vigilancia posterior, una vez que los están-
dares hayan sido establecidos en otro sitio. Hablar de solidaridad obliga a reconocer el trabajo
invisible, a menudo explotado, que alimenta los
modelos algorítmicos. Hablar de justicia pide
cuestionar las geografías del poder que definen
quién puede programar los modelos y quién es
solo objeto de esa programación, y reconocer que
la justicia social no es solo un objetivo que hay
que tutelar después de la adopción de las tecnologías, sino una condición que se debe poner en
práctica desde su diseño.

110. Quisiera, por último, usar una palabra muy
importante para mí: "desarmar". Desarmar la IA
significa sustraerla a la lógica de la competencia armamentística, que hoy ya no es solo militar sino
económica y cognitiva. Es la carrera por el algoritmo más eficaz y por el banco de datos más amplio,
para consolidar una ventaja geopolítica o comer-
cial sobre todos los demás. Desarmar quiere decir
romper esta equivalencia entre poder tecnológico
y derecho a gobernar. Desarmar no significa renunciar a la tecnología, sino impedirle el dominio
sobre lo humano. Significa sustraerla a los monopolios, hacerla discutible, refutable, y por tanto habitable, restableciendo en ella la pluralidad de las
culturas humanas y de las formas de vida. La tarea,
hoy, no es solo ética o técnica; es ecológica en el
sentido más radical, porque interpela una nueva
dimensión de nuestra Casa común. La IA es ya un
ambiente en el que estamos inmersos y un poder
que debemos afrontar. Por eso, no basta regularla;
es necesario desarmarla y hacerla acogedora.

111. Hago un vehemente llamamiento a quienes desarrollan sistemas de IA. La innovación tecnológica puede ser, en cierto modo, una forma humana de participación en el acto divino de la creación. Los desarrolladores llevan, por tanto, un importante peso ético y espiritual, ya que cada elección de proyecto expresa una visión de la humanidad. Así como el autor de una obra artística o literaria está obligado a considerar los valores que manifiesta, así también ellos están llamados a tratar con la debida seriedad los valores que infunden en sus proyectos: con transparencia, con responsabilidad hacia las comunidades involucradas y con atención a verificar que lo que se cultiva sea realmente un bien.

Lo que no podemos perder

112. Después de haber recordado las cuestiones de la responsabilidad y del gobierno de la IA, es necesario volver a nuestro tema central: qué significa custodiar lo humano. El riesgo no es solo que algunas tecnologías se usen mal, sino que el paradigma tecnocrático en el que estamos inmersos, potenciado por la revolución digital y la IA, haga parecer justa y normal una visión antihumana, según la cual la plenitud de la vida consistiría en tener más, reducir la fragilidad, eliminar lo imprevisto y controlarlo todo. Cuando la eficiencia se vuelve medida de valor, el ser humano es tentado a considerarse como un proyecto que debe optimizarse más que como una criatura llamada a la relación y a la comunión.

113. En realidad, absolutizar una sola dimensión del ser humano es siempre erróneo. En efecto, no es solo la carencia lo que genera desorden. También aquello que crece sin medida puede convertirse en una forma de pobreza. En un ecosistema, la armonía se rompe cuando una sola especie prolifera en detrimento de las demás; en lo humano, ocurre lo mismo cuando una facultad pretende ser la medida de todo. Así, la inteligencia, si se absolutiza, termina por velar otras dimensiones esenciales de la vida: el afecto, la voluntad, la entrega y la relación. El poder técnico, si no se equilibra, no nos hace más capaces; nos aísla, y nos expone aún más a lógicas de dominio y de exclusión. No se trata ciertamente de oponerse a la inteligencia, sino de recordar que, cuando se repliega en sí misma, olvida que ha sido hecha para servir a la vida y a la persona humana.

114. La calidad de una civilización se mide no por el poder de sus medios, sino por el cuidado que sabe ofrecer, por la capacidad de reconocer un rostro en el otro y no una función. La capacidad de saber cuidarnos los unos a los otros es una dimensión importante de nuestro ser humano. Esta capacidad se aprende y se perfecciona con la experiencia. Leer cuentos a un niño, acompañar a una persona anciana o hacer acogedor un espacio, son gestos que se viven en un ambiente familiar, pero que nos ayudan a aprender y a interiorizar la importancia del cuidado a nivel social y nos entrenan para reconocer al otro como persona digna de atención. La tecnología puede sostener también el cuidado mutuo entre personas,

por ejemplo si ofrece instrumentos que ayuden a prever y organizar, sin despojar al ser humano de su libertad y de su juicio, en cuanto sujeto de relaciones y responsable de decisiones.

Narrativas de fondo: transhumanismo y posthumanismo

115. Tratando de hacer emerger los presupuestos culturales que acompañan la revolución digital en curso, quisiera ahora dirigir la atención a algunas corrientes que interpretan el progreso como una superación del ser humano y que podemos clasificar con los nombres de transhumanismo y posthumanismo. Estas corrientes constituyen el trasfondo ideológico que reside en algunos centros de poder tecnológico y colonizan el imaginario colectivo de forma simplificada, especialmente en los medios y en las redes sociales, induciendo el entusiasmo por las nuevas tecnologías con una visión futurista de "humanidad potenciada" o de "hombre hibridado" con la máquina.

116. El transhumanismo y el posthumanismo comprenden en su interior una pluralidad de corrientes y sensibilidades, y resulta difícil hacer una descripción unívoca de ellas. Pueden ser comparadas con un archipiélago de islas conceptuales diferentes, pero unidas por el mismo mar de presupuestos: la centralidad de la técnica y el sueño de superar los límites de la condición humana. En general, el transhumanismo imagina una potenciación del ser humano por medio de las tecnologías –biomedicina, ingeniería del cuerpo, dispositivos, algoritmos–, con la aspiración de incrementar el

rendimiento y las capacidades. El posthumanismo, sobre todo en sus versiones más radicales, va más allá: critica el antropocentrismo y plantea una forma de hibridación entre el ser humano, la máquina y el ambiente, hasta imaginar que atravesará el umbral en el que la humanidad se superará a sí misma, entrando en una nueva etapa evolutiva. Aun cuando estas hipótesis siguen siendo en gran parte especulativas, van adquiriendo relevancia, porque modifican el imaginario colectivo y, en consecuencia, orientan las decisiones sociales, económicas y políticas.[129]

117. El punto crítico, a la luz de la Doctrina social de la Iglesia, no es el uso de la técnica en cuanto tal, sino la visión que allí subyace; si el ser humano es tratado como materia para ser perfeccionada o superada, entonces se vuelve más fácil aceptar que algunos sean considerados menos útiles, menos deseables, menos dignos. En nombre del progreso se puede llegar a pensar en "sacrificios necesarios", y hacer pagar a los más vulnerables el precio de una presunta optimización de la especie. La ya mencionada advertencia de san Pablo VI sigue siendo una gran intuición: realmente las conquistas de la ciencia y de la técnica, desvinculadas del progreso moral y social, terminan por volverse contra el hombre.[130] Por ello es necesario distinguir con claridad: una cosa es integrar las tecnologías en una visión humana

---

[129] Cf. COMISIÓN TEOLÓGICA INTERNACIONAL, *Quo vadis, humanitas? Pensar la antropología cristiana ante algunos escenarios futuros de la humanidad* (9 febrero 2026), 63.

[130] Cf. S. PABLO VI, *Discurso en el 25º aniversario de la FAO* (16 noviembre 1970): *AAS* 62 (1970), 833.

y relacional; otra es dejarse guiar por un imaginario que desprecia el límite y promete una "salvación" puramente técnica.

El límite, el corazón, la grandeza del ser humano

118. Hoy nuestra relación con la vida parece estar en crisis. Todo lo que representa un "límite" –incapacidad, enfermedad, ancianidad, sufrimiento, vulnerabilidad– tiende a ser leído principalmente como un defecto que hay que corregir, más que como un espacio en el que el ser humano madura y se abre a la relación. En cambio, debemos recordar que el ser humano no florece *a pesar* del límite, sino a menudo *a través* del límite. Una visión de la realidad a la luz de la fe ayuda a reconocer lo que llamamos "contingencia" de las cosas de este mundo. Si por un lado es necesario tratar de eliminar el sufrimiento que marca la vida humana, por el otro, es sabio reconocer nuestra finitud constitutiva, sabiendo que «la experiencia religiosa, en particular la fe cristiana, proponen habitar sin simplificaciones esta ambivalencia entre la grandeza y el límite de lo humano, interpretándola a la luz de la relación originaria y fundante con Dios».[131]

119. Es precisamente en nuestro ser limitados donde encuentran lugar la compasión, la sincera preocupación ante las necesidades de los demás, la generosidad que sorprende incluso en medio

---

[131] COMISIÓN TEOLÓGICA INTERNACIONAL, *Quo vadis, humanitas? Pensar la antropología cristiana ante algunos escenarios futuros de la humanidad* (9 febrero 2026), 3.

de la oscuridad y el fracaso, la experiencia espiritual y la adoración a Dios. Lo vemos en tantos momentos en los que el límite se hace tangible en nuestra vida: cuando recibimos un rechazo, cuando sufrimos a causa de la enfermedad o la muerte de una persona amada, cuando experimentamos la incapacidad o el error. Misteriosamente, precisamente en estos casos podemos encontrar una nueva sabiduría, palpar el afecto de las personas y experimentar la presencia del Señor.

120. Aun cuando el límite se manifiesta como dolor interior, la sensatez humana enseña a no negarlo ni eliminarlo, sino a integrarlo. Para eliminar totalmente el dolor sería necesario, a fin de cuentas, apagar también el amor y el deseo. Quien ama y desea, en efecto, no puede evitar atravesar la prueba y el sufrimiento, y por eso, a lo largo de los años conservamos en nosotros enseñanzas que quedan marcadas como cicatrices, memoria del camino realizado entre libertad y caídas, sueños y decepciones. Solo gracias al entramado de estos elementos, se realizan en el corazón esas maravillas interiores que nos hacen saborear el gusto más dulce de nuestro ser humano.[132] Renunciar a esta aventura, al mismo tiempo dramática y

---

[132] «Si el corazón está devaluado también se devalúa lo que significa hablar desde el corazón, actuar con corazón, madurar y cuidar el corazón. Cuando no se aprecia lo específico del corazón perdemos las respuestas que la sola inteligencia no puede dar, perdemos el encuentro con los demás, perdemos la poesía. Y nos perdemos la historia y nuestras historias, porque la verdadera aventura personal es la que se construye desde el corazón. Al final de la vida contará solo eso»: FRANCISCO, Carta enc. *Dilexit nos* (24 octubre 2024), 11: *AAS* 116 (2024), 1372.

espléndida, en nombre de una presunta superación de todo límite podría ser cualquier cosa,
pero no significaría ser humanos.

121. La corrupción moral de nuestro límite crea-
tural –el mal que evidentemente agita el corazón del hombre– arruina la sociedad y la vida,
llegando incluso a extremos de deshumanidad.
Y, sin embargo, también esta dolorosa forma de
límite deja resquicios al bien. Aun cuando el ser
humano se deshumaniza y provoca tragedias, una
pequeña luz sigue brillando en la humanidad y
sigue siendo capaz de reavivarse, con la gracia
de Dios, recorriendo caminos de conversión y
reconciliación. Viktor Frankl decía justamente
que en los momentos de horror «hemos llegado
a conocer al hombre en estado puro: el hombre
es ese ser capaz de inventar las cámaras de gas de
Auschwitz, pero también es el ser que ha entrado
en esas mismas cámaras con la cabeza erguida y el
Padrenuestro o el Shemá Israel en los labios».[133]

122. La finitud, cuando se acoge en la verdad,
no empobrece al ser humano, sino que lo abre
al reconocimiento del rostro de Dios y del otro.
Por lo demás, precisamente porque experimenta
el límite –la vulnerabilidad, el dolor, el fracaso–
puede reconocer la dignidad propia y ajena como
inviolable. Y en la misma experiencia del límite,
sigue siendo capaz de intuir una fraternidad más
grande que él mismo y de reconocer la injusticia como escándalo. La cultura y el arte, cuando

---

[133] V. FRANKL, *El hombre en busca de sentido*, Barcelona
1991, 74.

son auténticos, custodian esta chispa, impidiendo la normalización del mal. De ese modo, algunas obras han asumido un valor casi profético: la *Novena Sinfonía* de Beethoven como deseo de unidad; *Guernica* como denuncia de la deshumanización; *La lista de Schindler* como una invitación a no entregar el pasado al olvido.

123. La historia no se presenta solo como el catálogo de nuestras acciones violentas, sino también como la prueba de que el ser humano sabe fundar instituciones capaces de proteger la vida común. En los últimos dos siglos lo vemos en algunos acontecimientos emblemáticos: el nacimiento del Comité Internacional de la Cruz Roja (1863), cuya neutralidad operativa garantiza un cuidado compasivo para todos; el largo proceso que ha llevado a la abolición de la esclavitud, que no ha sido un simple cambio jurídico, sino una transformación de la conciencia; la fundación de la Organización de las Naciones Unidas (1945) y la *Declaración Universal de los Derechos Humanos* (1948), que han fijado un lenguaje común para decir, al menos como ideal compartido, que la dignidad es universal; la *Convención sobre los refugiados* (1951), que reconoce un deber de protección hacia los que huyen de persecuciones y amenazas. En estos ejemplos, el deseo de bien se traduce concretamente en formas públicas —normas, instituciones, prácticas— capaces de limitar la fuerza y defender a los vulnerables. Pero nada de eso ha surgido sin ser enfrentado por resistencias, intereses mezquinos e inercias culturales. Las conquistas morales tienen casi siempre el rostro de un camino largo y fatigoso, marcado

también por contratiempos; pensemos en los procesos de paz interrumpidos o en la lenta aplicación de los compromisos ambientales. Aun así, precisamente la fragilidad de estos resultados demuestra cuán preciosa es la responsabilidad de quienes los inician y los sostienen.

124. Algunos acontecimientos ayudan a ver que la historia puede cambiar cuando al menos un solo hombre o una sola mujer se toma realmente en serio la dignidad de todos: el movimiento por los derechos civiles en los Estados Unidos de América, vinculado al testimonio de Martin Luther King, Jr., o el fin del *apartheid* en Sudáfrica después de la liberación de Nelson Mandela y su decisión de no poner el futuro en manos del odio. En diversos contextos se han distinguido además mujeres valientes y generosas como santa Laura Montoya, santa Teresa de Calcuta, Dorothy Day, Maria Skłodowska-Curie, Maria Montessori, Elisabeth Elliot, Wangari Maathai, Benazir Bhutto y tantas otras de todos los continentes, que con su esfuerzo han contribuido a hacer más humana la historia.

125. Junto a estos signos públicos, existe una trama más discreta pero decisiva: las comunidades religiosas que eligen lugares pobres y peligrosos; los mártires de la fraternidad y de la justicia como san Maximiliano María Kolbe, san Óscar Romero y el beato Enrique Angelelli, junto con testigos que han encarnado, en condiciones duras y a menudo inhumanas, la esperanza del Evangelio y la dignidad del hombre,

como el venerable François-Xavier Nguyễn Văn Thuân. Y, sobre todo, los "mártires de lo cotidiano" que curan, educan, acompañan y consuelan discretamente, como los padres de familia, los enfermeros, los médicos, los voluntarios y las personas que están junto a los ancianos o a los excluidos. Su testimonio muestra que el bien no progresa de manera automática, sino que requiere perseverancia, memoria y una conversión que hace capaces de recomenzar incluso después de las derrotas.

126. Precisamente esta convergencia de instituciones justas, testimonios creíbles y fidelidades cotidianas mantiene viva la esperanza e indica una dirección: hacer que la técnica crezca sin que se repliegue el corazón. Por eso la humanidad –magnífica y herida– no debe ser sustituida ni superada; puede acoger los progresos de la técnica para aliviar los sufrimientos y abrir posibilidades nuevas, siempre que no reniegue de aquello que la hace ser ella misma, es decir, la capacidad de relación y de amor. A este punto se impone una pregunta decisiva: si existe un auténtico "más que humano", ¿dónde se encuentra? La fe cristiana responde indicando una plenitud que no deriva de una divinización tecnológica, sino de aquella que produce la gracia de Dios, recibida en Cristo.

El verdadero "más que humano": gracia y humanismo cristiano

127. La expresión "más que humano" no pertenece solo al lenguaje de las promesas técnicas. Desde hace siglos, la tradición cristiana afirma que el

ser humano no está encerrado en los límites de la propia naturaleza, sino que está llamado a trascenderse a sí mismo; no para huir de la realidad o despreciar el límite, sino para realizarse en el amor. La fe conoce un "más allá" que nace del don de Dios. Esta transformación es obra del Espíritu Santo. Como enseñaba santo Tomás de Aquino, este proceso de elevación y transformación «sobrepasa la capacidad de la naturaleza humana»[134], porque hay una distancia infinita[135] entre nuestra naturaleza y la vida de Dios. Sin embargo, es posible ser introducidos en el seno de esa vida inextinguible, incluso mientras caminamos entre los límites de este mundo. Y quien hace posible este camino solo puede ser el Infinito que se da: es Dios mismo quien supera la desproporción "infinita".[136] Así se realiza la re-creación de lo humano: «El que vive en Cristo es una nueva criatura: lo antiguo ha desaparecido, un ser nuevo se ha hecho presente» (*2 Co* 5,17).

128. Cuando aceptamos esta posibilidad de trascendernos a nosotros mismos con la gracia de Dios no renegamos de nosotros mismos, no nos volvemos menos humanos. Por el contrario, como explicaba el Papa Francisco, «llegamos a ser plenamente humanos cuando somos más que humanos, cuando le permitimos a Dios que nos

---

[134] STO. TOMÁS DE AQUINO, *Summa Theologiae*, I-II, q. 112, a. 1, co.; q. 114, a. 5, co.: ed. Leonina, VII, Roma 1892, 323 y 349.

[135] Cf. *ibíd.*, q. 114, a. 1, co.: ed. Leonina, VII, 344.

[136] Cf. ID., *Super Boetium De Trinitate*, q. 1, a. 2, ad 3: ed. Leonina, L, Roma 1992, 96; *Summa Theologiae*, I, q. 7, a. 1, ad 3: ed. Leonina, IV, Roma 1888, 72.

lleve más allá de nosotros mismos para alcanzar nuestro ser más verdadero».[137] Aquí se encuentra la diferencia radical respecto a los sueños prometeicos: lo que salva lo humano no es la autosuficiencia potenciada, sino una relación que libera, una comunión que transforma. Frente a esto, una tecnología que clasifica y optimiza lo que ya existe puede ser, sin querer, un obstáculo al cambio y al crecimiento. Para un algoritmo, el error es algo que hay que corregir; para una persona, puede ser el inicio de un cambio profundo. El futuro de una persona no es calculable, sino que está confiado a su libertad –elevada por la inagotable gracia divina– y a las relaciones que cultiva.

Dos ciudades y dos amores

129. El humanismo cristiano no rechaza la ciencia ni la técnica, sino que las asume con gratitud y realismo, y las sitúa "con los pies en la tierra" dentro de una vocación más alta. La inteligencia creativa del ser humano es un don que puede aliviar sufrimientos y abrir nuevas posibilidades, pero debe permanecer ordenada al bien común, a la justicia, al cuidado de los frágiles y de la creación. En este sentido, la verdadera alternativa no está entre el entusiasmo y el miedo, sino entre dos modos de construir: un progreso que sirve a la persona y a los pueblos, o un progreso que los doblega a lógicas de poder. Al final, la pregunta decisiva sigue siendo la indicada por san Juan

---

[137] Francisco, Exhort. ap. *Evangelii gaudium* (24 noviembre 2013), 8: *AAS* 105 (2013), 1022.

108

Pablo II: la IA, ¿«hace la vida del hombre sobre la tierra, en todos sus aspectos, "más humana"?; ¿la hace más "digna del hombre"?».[138] Si la respuesta es "sí", entonces podemos reconocer en ella una posibilidad buena para usar con responsabilidad, en un camino de reconstrucción compartida y paciente, según el modelo del renacimiento de Jerusalén narrado en el libro de Nehemías. Si, en cambio, el poder crece mientras el corazón se marchita y los vínculos se rompen, entonces estamos frente a una nueva versión de Babel: una construcción grandiosa, pero deshumana.

130. Interrogarnos sobre esta alternativa de progreso y sobre nuestro modo de interpretarlo y vivirlo significa siempre, a fin de cuentas, examinar también nuestro corazón. De hecho, el modo en el que pensamos y estructuramos las relaciones, el trabajo y las instituciones, manifiesta nuestros valores fundamentales y, en definitiva, nace de lo que tenemos en el corazón. Es un amor que nos guía: aquello que amamos realmente, como individuos y como sociedad, orienta nuestra vida y nuestras acciones. San Agustín describe la historia humana como un lugar de lucha entre dos amores, que han construido dos modos de habitar el mundo y de convivir, dos "ciudades": por un lado, el amor a Dios y al prójimo; por otro, únicamente el amor a sí mismo. «Dos amores han dado origen a dos ciudades: el amor de sí mismo hasta el desprecio de Dios, la terrena; y el amor

138 S. Juan Pablo II, Carta enc. *Redemptor hominis* (4 marzo 1979), 15: *AAS* 71 (1979), 286-287.

de Dios hasta el desprecio de sí, la celestial».[139]
Como en toda la historia humana, también hoy
estos dos amores luchan en nuestro corazón por
el predominio. El tiempo de la IA no escapa a
esta regla: la construcción de Babel o la de Jerusalén comienza en cada uno de nosotros.

<hr>

[139] S. AGUSTÍN, *La ciudad de Dios*, XIV, 28: *CCSL* 48, Turnhout 1955, 451.

Capítulo cuarto

CUSTODIAR LO HUMANO EN LA TRANSFORMACIÓN. VERDAD, TRABAJO, LIBERTAD

131. Tras haber esbozado el panorama en el que se inscribe el reto de la transformación tecnológica, en particular el vinculado con la IA y las corrientes transhumanistas y posthumanistas, no podemos limitarnos a simples análisis generales. Cuando cambian los lenguajes y las herramientas, también cambian los gestos cotidianos y las relaciones sociales. Por ello, es necesario detenerse en algunos ámbitos en los que estas transformaciones tienen repercusiones muy concretas, a veces dramáticas. A la luz de los principios de la Doctrina social de la Iglesia, la transformación digital nos pide redescubrir la verdad como bien común, proteger la dignidad del trabajo y salvaguardar la libertad frente a toda dependencia y mercantilización.

La verdad como bien común

Verdad y democracia

132. El uso de las plataformas digitales y los sistemas de IA acelera los profundos cambios en la comunicación pública y política. Herramientas que

podrían favorecer el debate y la participación se utilizan a menudo para construir narrativas sesgadas y difuminar los límites entre lo verdadero y lo falso, mezclando datos y opiniones. La desinformación no surge con la IA, pero encuentra hoy en ella un potente multiplicador. La posibilidad de manipular contenidos, imágenes y vídeos expone a los ciudadanos a perspectivas parciales o engañosas. El problema afecta a la dimensión cultural y moral, ya que la calidad de la comunicación pública depende directamente de la confianza social y repercute en ella. Una información veraz, de hecho, no surge de un control centralizado o automatizado. En el discurso público, la verdad de los hechos tiene una dimensión racional, ya que requiere verificación, cotejo de fuentes y responsabilidad argumentativa; pero es aún más relacional: se construye a través de vínculos de confianza y prácticas compartidas, en un diálogo honesto con los demás y con el mundo. Solo la búsqueda compartida de la verdad de los hechos, asumida como bien común, puede sentar las bases de una comunicación justa.

133. Quienes disponen de poderosos recursos técnicos y económicos —y, con ellos, también de muchos recursos humanos para intervenir— tienen una gran capacidad para provocar cambios culturales y, en última instancia, para convencer a un número significativo de personas acerca de cuál es la verdad sobre el ser humano, sobre el mundo, sobre el sentido de la existencia, sobre la familia, e incluso sobre Dios. Se trata de puro poder carente de verdad, que impone sutil o abiertamente lo que quiere que

los demás consideren como verdadero. Detrás de todo ello hay una raíz enferma difícil de reconocer: el hecho de que «el hombre moderno tiene la errónea convicción de ser el único autor de sí mismo, de su vida y de la sociedad. Es una presunción fruto de la cerrazón egoísta en sí mismo».[140] Por ello, cree que puede construir la realidad y que lo que mejor se adapte a sus pretensiones es válido. San Juan Pablo II reflexionó sobre las consecuencias de la "crisis en torno a la verdad", llegando a afirmar que, «abandonada la idea de una verdad universal sobre el bien, que la razón humana puede conocer, ha cambiado también inevitablemente la concepción misma de la conciencia».[141] De este modo, disminuye el reconocimiento de verdades universalmente válidas que nos preceden y que la conciencia debe aceptar. Esto llevó al Papa Francisco a preguntarse con realismo: «¿Qué es la ley sin la convicción alcanzada tras un largo camino de reflexión y de sabiduría, de que cada ser humano es sagrado e inviolable?», y a concluir: «Para que una sociedad tenga futuro es necesario que haya asumido un sentido respeto hacia la verdad de la dignidad humana, a la que nos sometemos. Entonces no se evitará matar a alguien solo para evitar el escarnio social y el peso de la ley, sino por convicción. Es una verdad irrenunciable que reconocemos con la razón y aceptamos con la conciencia. Una sociedad es noble y respetable también por su cultivo

---

[140] BENEDICTO XVI, Carta enc. *Caritas in veritate* (29 junio 2009), 34: *AAS* 101 (2009), 668-669.

[141] S. JUAN PABLO II, Carta enc. *Veritatis splendor* (6 agosto 1993), 32: *AAS* 85 (1993), 1159.

de la búsqueda de la verdad y por su apego a las verdades más fundamentales».[142]

134. La búsqueda de la verdad es un elemento esencial para la democracia, que es en sí misma un instrumento de participación en el bien común. Cuando la pregunta sobre lo que es verdadero pierde interés y se impone un pragmatismo que se conforma con lo que parece útil o eficaz, la vida democrática se debilita. Esta, en efecto, no se sustenta únicamente en normas y procedimientos, sino, ante todo, en una relación leal con los hechos y en una orientación real hacia el bien de las personas y del conjunto de la sociedad. El desinterés por la verdad conduce lenta pero inexorablemente hacia el totalitarismo, para el cual, como escribió la filósofa Hannah Arendt, los súbditos ideales no son tanto aquellos ideológicamente convencidos, sino «las personas para quienes ya no existe la distinción entre el hecho y la ficción (es decir, la realidad de la experiencia) y la distinción entre lo verdadero y lo falso (es decir, las normas del pensamiento)».[143]

Comunicación e imaginario colectivo

135. En este horizonte es importante recordar que la comunicación «no es solo transmisión de informaciones, sino creación de una cultura».[144]

---

[142] Francisco, Carta enc. *Fratelli tutti* (3 octubre 2020), 207: *AAS* 112 (2020), 1043.

[143] H. Arendt, *Los orígenes del totalitarismo*, Madrid 2014, 634.

[144] *Discurso a los representantes de los medios de comunicación* (12 mayo 2025): *AAS* 117 (2025), 682.

Los contenidos que circulan en los entornos digitales influyen en la forma en que las personas perciben el mundo e introducen en la conciencia colectiva imágenes y relatos que orientan los deseos e influyen en las decisiones cotidianas. «No es un mundo paralelo o puramente virtual»,[145] porque lo que surge en internet pasa a formar parte de la vida de las personas, sobre todo de los más jóvenes.

136. Por eso, quienes controlan las plataformas digitales y los medios de comunicación tienen una notable capacidad para influir en el imaginario colectivo y presentar como deseable una determinada visión de la realidad. Es un poder que debe ser continuamente iluminado por la búsqueda de la verdad y el respeto de la dignidad humana, para que la cultura que se genera en la red no se convierta en instrumento de distracción excesiva, de homogeneización y de dominio, sino en un espacio en el que puedan madurar la libertad interior y el pensamiento crítico.

Por una ecología de la comunicación

137. La primera tarea que nos corresponde es no demonizar ni idolatrar los medios, sino gestionarlos a partir de un punto fijo: la verdad es un bien común y no una propiedad de quienes tienen poder o visibilidad. Por lo tanto, es necesario promover una ecología de la comunicación: en el

---

[145] BENEDICTO XVI, *Mensaje para la 47ª Jornada Mundial de las Comunicaciones Sociales* (24 enero 2013): *AAS* 105 (2013), 183.

ámbito de las normas públicas, esto significa establecer reglas que hagan más transparentes los criterios con los que se seleccionan y amplifican los contenidos y que protejan los datos personales; en el ámbito social y cultural, en cambio, implica el fortalecimiento de los organismos intermedios, un periodismo serio y espacios de debate en los que primen la argumentación y la verificación por encima de la reacción inmediata; en el ámbito de la escuela y la familia, la creciente necesidad de una nueva conciencia educativa y la formación en el uso correcto y crítico de las herramientas digitales, la IA y las plataformas de compra e inversión; en el ámbito de la universidad, el gran reto de la integración de los conocimientos, formando tanto en la capacidad de conectar y fusionar saberes para interpretar la complejidad, como en las técnicas de verificación de los hechos.

138. Las comunidades cristianas también deben comprometerse con una comunicación transparente y con la búsqueda honesta de los hechos. Lamentablemente, no siempre ha sido así. Hemos sido testigos, con vergüenza, del arduo descubrimiento de verdades dolorosas incluso sobre miembros de la Iglesia y sobre realidades eclesiales. En particular, algunos periodistas comprometidos con la verdad han desempeñado un papel fundamental a la hora de sacar a la luz injusticias y abusos. A ellos quisiera reiterar las palabras del Papa Francisco al dirigirse a los vaticanistas: «Les agradezco también por lo que dan a conocer de lo que no funciona en la Iglesia, por lo que nos ayudan a no ocultar

bajo la alfombra y por la voz que han dado a las víctimas de abusos».[146] Sin embargo, la vigilancia y la transparencia son, ante todo, una grave responsabilidad de la propia Iglesia y no debemos esperar a que otros nos obliguen a afrontar verdades incómodas sobre nosotros mismos.

Una alianza educativa para la era digital

139. En una época en la que la verdad suele verse supeditada a intereses y estrategias comunicativas, el mundo de la educación adquiere una importancia decisiva. Sin embargo, las rápidas transformaciones tecnológicas ponen de manifiesto lo poco preparados que estamos en el ámbito educativo. La omnipresencia de los medios digitales genera una cultura de la inmediatez y la sobreestimulación, que alimenta el cansancio, el aburrimiento y la apatía ante el esfuerzo que supone buscar la verdad.

140. Los procesos educativos, en cambio, requieren tiempo para madurar, una confrontación con la realidad más allá de las apariencias y un camino paciente. La cuestión es fundamental, porque toda tecnología educa a quien la utiliza. Educar en el uso de la IA implica, por tanto, educar para decidir cuándo y para qué *no* utilizarla. La rapidez y la facilidad con las que se obtiene una respuesta o una síntesis hacen correr el riesgo de que se apague el

---

[146] Francisco, *Discurso con motivo de la concesión de la insignia de la Orden de Piano al Sr. Philip Pullella y a la Sra. Valentina Alazraki* (13 noviembre 2021): *L'Osservatore Romano*, 13 noviembre 2021, 12.

deseo de plantear preguntas, que solo da fruto con el tiempo. Como escribe Platón, las cosas más profundas e importantes solo se aprenden tras mucho tiempo y mucho esfuerzo, comprometiéndose en la discusión con los demás para "frotar" los conceptos y las experiencias como si fueran pedernal, hasta que en nosotros salte la chispa de la comprensión.[147] Debemos aprender a prescindir de la IA y proteger a nuestros jóvenes de la promesa de la máquina perfecta, de esa sutil seducción que hace parecer inútil el pensamiento humano precisamente cuando más se necesita.

141. En los últimos años, la literatura psicológica y psiquiátrica ha documentado con creciente insistencia cómo una exposición precoz y sin supervisión a los dispositivos digitales y a las redes sociales puede afectar negativamente al sueño, a la atención, a la regulación emocional y a las relaciones, especialmente en las edades más vulnerables, con consecuencias a veces dramáticas. A esto se suma la facilidad de acceso a escenas violentas o crueles que hieren la sensibilidad; a contenidos pornográficos e hipersexualizados; a mensajes que banalizan el cuerpo y la afectividad; y a propuestas que normalizan comportamientos de riesgo. En la red no son raros los fenómenos de captación, chantaje y explotación sexual de menores, que se vuelven más insidiosos por el uso de perfiles falsos, de algoritmos que amplifican contactos peligrosos y de herramientas de IA capaces de manipular imágenes y vídeos. Tener un teléfono móvil personal demasiado pronto y utilizarlo

---

[147] Cf. PLATÓN, *Carta VII*, 344b-c, Madrid 1970, 92.

sin el control de los adultos puede acentuar la fragilidad y favorecer las adicciones en los jóvenes, exponiéndolos a dinámicas de aislamiento, acoso y ciberacoso, así como a la presión para compartir imágenes íntimas o datos sensibles.

142. A los padres de familia les resulta difícil resistir por sí solos al condicionamiento de modelos de negocio que monetizan la atención y el tiempo. Por eso es indispensable una alianza entre la política, las instituciones educativas y las familias, capaz de sostener de manera concreta a los adultos en su tarea. Es necesario oponerse, con decisiones públicas de largo alcance, a los intereses inmediatos de las plataformas –concentradas en pocas manos– cuando estos entran en conflicto con el bien de los menores. En esta perspectiva, son oportunas intervenciones legislativas que establezcan límites de edad, responsabilicen a los proveedores de servicios –sin descargar, sobre las familias, el peso de la limitación– y prevean protecciones específicas contra toda forma de explotación y violencia sexual en internet, de modo que la infancia y la adolescencia se custodien verdaderamente como bienes preciosos confiados a nuestro cuidado.[148] Al mismo tiempo, es necesario educar a los niños, adolescentes y jóvenes para que aprendan a reconocer las manipulaciones, a defender su propia dignidad y a respetar la de los demás, también en los entornos digitales.[149]

---

[148] Cf. *Discurso en la Conferencia "La dignidad de los niños y adolescentes en la era de la IA"* (13 noviembre 2025): *L'Osservatore Romano*, 13 noviembre 2025, 3.

[149] Cf. *Discurso al Consejo Asesor de la RCS Academy* (7 noviembre 2025): *L'Osservatore Romano*, 7 noviembre 2025, 4.

143. La escuela es el lugar donde las nuevas generaciones pueden aprender a buscar y amar la verdad, a cuestionarse el sentido de la vida y la dignidad de cada persona. Por eso, muchos padres de familia, que desean que sus hijos crezcan siendo capaces de relacionarse, de pensar con espíritu crítico y de tener valores sólidos, depositan en ella grandes esperanzas, como una valiosa aliada en la educación de sus hijos. En efecto, los padres tienen el derecho primario e inalienable de elegir el tipo de educación y de formación que se imparte a sus hijos, en coherencia con sus propias convicciones morales, culturales y religiosas. El mundo educativo se encuentra hoy frente a algunos retos impostergables.

144. El primer reto es de carácter sociopolítico. Tanto dentro de cada país como entre las distintas regiones del mundo, persisten fuertes desigualdades en el acceso a la educación básica y a los estudios superiores. En no pocos países, el Estado todavía no ha invertido los recursos necesarios para garantizar una educación de calidad para todos, ya sea apoyando adecuadamente el sistema escolar público o sosteniendo a las instituciones privadas que ofrecen este servicio fundamental. Cuando una parte importante de la educación, en varios niveles, se encomienda a instituciones privadas, puede ocurrir que, a falta de un apoyo público adecuado, el acceso a la escuela dependa demasiado de las posibilidades económicas de las familias. Frente a este riesgo, sin embargo, se debe reconocer y sostener la contribución de muchas obras educativas católicas que, aunque sean insti-

tuciones privadas, garantizan una acogida inclusiva a niños y jóvenes de todas las procedencias, incluso cuando las condiciones económicas de las familias no lo permitirían.

145. El segundo gran reto es de carácter pedagógico. Muchos sistemas educativos tienen dificultades para actualizarse al ritmo de los cambios y para apoyar un crecimiento integral de los alumnos. El desarrollo de las tecnologías de la información y de la IA hace que los planes de estudios concebidos para otra época queden rápidamente obsoletos, mientras que la organización de la escuela, los espacios, los métodos de evaluación y la propia figura del docente deben replantearse con vistas a una educación verdaderamente integral, abierta a todas las dimensiones de la persona. Es necesario favorecer la formación continua de los docentes a lo largo de toda su vida profesional, para que sepan dialogar de manera positiva con las nuevas tecnologías, ayudando a los alumnos a hacer un uso responsable, crítico y creativo de ellas, y a no sufrir pasivamente su influencia.

146. El tercer gran desafío es de carácter intelectual y sapiencial. Si no estamos atentos, puede surgir un sistema educativo carente de amor por la verdad, en el que el flujo incesante de información sustituya al ejercicio de la investigación, la reflexión y el discernimiento. Se multiplican los conocimientos fragmentarios, pero se hace más difícil captar la realidad en su conjunto, plantear preguntas sobre el sentido de las cosas y desarrollar un auténtico pensamiento crítico y creativo.

Muchos educadores perciben ya los signos de una posible deshumanización, en la que las personas "saben muchas cosas" pero tienen dificultades para dar un sentido a su vida –también debido a la incapacidad de conectar la información y los conocimientos– y para no perder de vista el horizonte de sentido. Es necesario promover una verdadera higiene de la atención: ritmos que incluyan silencio, estudio reflexivo, lectura, análisis ponderado; sin estos elementos, la libertad interior puede verse comprometida.

147. La Doctrina social de la Iglesia invita a las familias, las escuelas, las comunidades cristianas y las instituciones públicas a una alianza educativa renovada. Esta se hace realidad cuando los principios fundamentales se traducen en objetivos educativos: educar en la sobriedad y en el sentido de los límites; educar en el reconocimiento del derecho del otro y de quienes vendrán después de nosotros a disfrutar de los bienes que nos han sido dados, o que el ingenio humano pone a nuestra disposición; educar en la libertad y en la responsabilidad; educar en el sentido de la trascendencia y del bien común. La escuela no está llamada a perseguir la velocidad del mundo digital, sino a ofrecer aquello que lo digital por sí solo no puede dar: tiempo compartido para aprender y relaciones fiables.

El valor del trabajo

148. Desde el nacimiento de la Doctrina social, con la *Rerum novarum*, la Iglesia ha llamado la atención sobre la protección de los trabajadores y la necesidad de combatir toda forma de explotación. Pero, sobre todo, el Magisterio ha reconocido en el trabajo «la clave esencial»[150] para comprender la cuestión social en su totalidad, ya que a través de él la persona desarrolla muchas dimensiones de su propia existencia. Desde esta perspectiva se comprende también la gran intuición de san Benito de Nursia, quien unió la oración y el trabajo, señalando la actividad cotidiana como parte de la respuesta de la persona a la llamada de Dios. Creados a imagen del Creador, mediante nuestras obras prolongamos de algún modo la suya: contribuimos al progreso de la sociedad y a la construcción del bien común, ponemos en práctica las capacidades recibidas, mejoramos y embellecemos el mundo, sostenemos a nuestras familias, entablamos relaciones de cooperación y aprendemos a construir juntos, en la escucha y el diálogo, algo que nadie podría realizar por sí solo.

149. Por estas razones, el trabajo no es un simple instrumento, sino que expresa y acrecienta la dignidad de nuestra vida. Es una necesidad inherente a la condición humana, un camino habitual

---

[150] S. Juan Pablo II, Carta enc. *Laborem exercens* (14 septiembre 1981), 3: *AAS* 73 (1981), 584.

hacia la madurez, el desarrollo y la realización personal. En esta óptica, las ayudas económicas a los pobres siguen siendo a veces necesarias en situaciones de emergencia, pero no pueden convertirse en la única respuesta, ya que el objetivo es ofrecer a cada persona las condiciones para vivir dignamente a través de su propio trabajo.[151]

150. Hoy en día, la combinación de la automatización, la robótica y la IA está transformando rápidamente la estructura misma del trabajo. Se dice que esto traerá grandes mejoras para todos. En realidad, los "nuevos modos" de trabajar no son necesariamente mejores, porque «mientras la IA promete impulsar la productividad haciéndose cargo de tareas ordinarias, a menudo los trabajadores se ven obligados a adaptarse a la velocidad y a las exigencias de las máquinas, en lugar de que estas últimas estén diseñadas para ayudar a quienes trabajan. Así, contrariamente a los beneficios anunciados sobre la IA, los enfoques actuales de la tecnología pueden paradójicamente desespecializar a los trabajadores, someterlos a una vigilancia automatizada y relegarlos a tareas rígidas y repetitivas. La necesidad de seguir el ritmo de la tecnología puede erosionar el sentido de la propia capacidad de obrar de los trabajadores y ahogar las capacidades innovadoras que están llamados a aportar en su trabajo».[152] Precisamente para evitar esta

---

[151] Cf. Francisco, Carta enc. *Laudato si'* (24 mayo 2015), 128: *AAS* 107 (2015), 898.

[152] Dicasterio para la Doctrina de la Fe – Dicasterio para la Cultura y la Educación, Nota *Antiqua et nova* (14 enero 2025), 67: *AAS* 117 (2025), 188-189.

deriva, es necesario diseñar sistemas centrados en la persona y no solo en el rendimiento.

El problema del desempleo

151. San Juan Pablo II recordó que el desempleo es un mal grave y que, sobre todo cuando adquiere proporciones masivas, puede convertirse en una verdadera calamidad social, lo que pone especialmente de relieve la responsabilidad del Estado.[153] Hoy en día, en la "cuarta revolución industrial", esta preocupación se agudiza, ya que la innovación suele acogerse únicamente con el fin de reducir costes y aumentar los beneficios.[154] En algunos contextos, es realista temer una reducción significativa y rápida de los puestos de trabajo disponibles, con un efecto en cadena que afecta profundamente a las familias, a los jóvenes y a las economías locales. En muchos sectores, esto ya se traduce en nuevas formas de precariedad y desigualdad, con remuneraciones muy elevadas para una minoría altamente especializada y salarios cada vez más bajos para una gran parte de la población activa.

152. Sin duda, es deseable que la tecnología libere al hombre de trabajos especialmente pesados, repetitivos o peligrosos y que ofrezca un apoyo inteligente a la actividad humana, pero la norma general debe seguir siendo la protección

---

[153] Cf. S. Juan Pablo II, Carta enc. *Laborem exercens* (14 septiembre 1981), 18: *AAS* 73 (1981), 622-625.

[154] Cf. Francisco, Carta enc. *Laudato si'* (24 mayo 2015), 109: *AAS* 107 (2015), 891.

de los puestos de trabajo y del papel insustituible de la persona. El objetivo de obtener mayores beneficios no puede justificar decisiones que
sacrifiquen sistemáticamente el empleo, porque
la persona humana es un fin y no un medio, y el
orden económico debe permanecer subordinado
a su dignidad y al bien común.

153. Simultáneamente, debemos reconocer que
toda transición real se produce a través de una
discontinuidad: es desigual, fragmentaria y, a veces, conflictiva. Por lo tanto, no existe un modelo de cambio único, ni una solución global; hay
territorios e historias que exigen respuestas diferentes. Dada la desigualdad que caracteriza a
nuestro mundo, la difusión de la IA y de los sistemas computacionales produce efectos distintos
en cada lugar. Las sociedades ricas se automatizan
rápidamente y de forma caótica, reduciendo la
necesidad de mano de obra y generando zonas de
desempleo y fricciones institucionales. En cambio,
vastas regiones del mundo permanecen atrapadas
en economías híbridas, donde el trabajo humano
mal remunerado y las tecnologías parciales con-
viven sin llegar a transformarse realmente. Estos
territorios se convierten en reservas de mano de
obra precaria y focos de inestabilidad y migraciones forzadas. Las soluciones, por tanto, deben en-
contrarse a nivel nacional y local, involucrando a
las comunidades intermedias. Se necesitan herramientas capaces de adaptarse: modelos articulados,
experimentos locales, redistribuciones progresivas,
nuevos derechos de acceso a los bienes esenciales.
Sin perseguir una armonía abstracta, se trata de

construir formas concretas de convivencia humana en la transformación.

154. El trabajo sigue siendo una dimensión fundamental de la experiencia humana; no es solo un medio de subsistencia, sino también un espacio de expresión, de relaciones y de contribución a la comunidad. Por eso, los problemas vinculados con el trabajo no se limitan únicamente a los ingresos necesarios para la supervivencia de las familias. Una sociedad que garantizara trabajo solo a una pequeña parte de la población expondría a muchos a una situación de inactividad forzada, de ausencia de responsabilidades, de falta de compromiso y de estímulos cotidianos, con consecuencias de empobrecimiento humano y cultural en contraste con el elevado nivel de desarrollo técnico. Nos encontraríamos ante una paradoja de progreso material y regresión antropológica, en la que desaparecerían las condiciones para una paz social justa y estable. Por eso, la Doctrina social de la Iglesia insiste en que el acceso al trabajo para todos debe seguir siendo un objetivo prioritario de las políticas públicas y de los procesos económicos, criterio de juicio para evaluar la calidad humana de un modelo de desarrollo.[155] Por otra parte, en aquellas partes del mundo en las que el empleo tiende a reducirse o a transformarse radicalmente, como consecuencia de procesos tecnológicos y organizativos que escapan al control democrático, es necesario replantearse el propio concepto de trabajo y su

---

[155] Cf. BENEDICTO XVI, Carta enc. *Caritas in veritate* (29 junio 2009), 32: *AAS* 101 (2009), 666.

relación con la ciudadanía, para que la falta de empleo no menoscabe la participación social.

155. A la luz de esta convicción, podemos también reinterpretar la historia de la Doctrina social de la Iglesia tras la *Rerum novarum*. Las iniciativas surgidas en ese contexto –asociaciones, sindicatos, cooperativas, obras de asistencia social– han contribuido de manera decisiva a mejorar la legislación laboral, a proteger a los más vulnerables y a promover condiciones más humanas.[156] Hoy en día, sin embargo, tales instrumentos ya no bastan por sí solos ante las transformaciones provocadas por la IA, la nueva organización de los mercados y la competitividad que rara vez se preocupa por la sostenibilidad social. Es necesario un nuevo esfuerzo conjunto por parte de los responsables políticos, las organizaciones de trabajadores, el mundo empresarial y la comunidad científica para elaborar con celeridad normas y medidas de protección adecuadas y consensuadas, también a nivel internacional.[157] Las organizaciones sindicales, a las que la Iglesia siempre ha apoyado, están llamadas a abrirse a las nuevas formas de trabajo y a los nuevos trabajadores, para representarlos y defenderlos en un contexto en el que, sin decisiones valientes, surgen más pobreza y más desigualdades, con una multitud de excluidos rodeados de máquinas y sistemas automatizados que han ocupado su lugar.

---

[156] Cf. Pontificio Consejo Justicia y Paz, *Compendio de la doctrina social de la Iglesia*, 268.

[157] Cf. Benedicto XVI, Carta enc. *Caritas in veritate* (29 junio 2009), 64: *AAS* 101 (2009), 698.

156. En esta transición, no basta con reaccionar cuando desaparecen los puestos de trabajo, sino que es necesario gestionar la transformación de forma proactiva. Una forma viable consiste, en primer lugar, en establecer criterios sociales para la innovación: toda introducción de automatización y de IA debería ir acompañada de medidas verificables de protección del empleo, de recualificación y de participación de los trabajadores, para que la tecnología se oriente a liberar tiempo y capacidades humanas, no a generar exclusión. En segundo lugar, es necesario que políticas activas hagan accesibles a todos la formación continua y las transiciones profesionales, sin descargar sobre los individuos todo el coste de la adaptación a las transformaciones. Por último, se necesita una responsabilidad empresarial que incluya la calidad y la dignidad del trabajo entre los indicadores de éxito. Cuando se dan estas condiciones, la innovación puede convertirse en aliada de un trabajo más seguro, más creativo y más digno; cuando faltan, tiende a transformarse en una aceleración de la injusticia.

Una economía que valore la dignidad

157. El mercado laboral es uno de los ámbitos en los que los riesgos de las nuevas tecnologías se manifiestan con mayor claridad. Por eso es necesario recordar que la libertad económica no es absoluta y debe medirse siempre en función del bien común y de la dignidad de cada persona. La iniciativa empresarial puede ser una verdadera vocación, capaz de generar riqueza y

mejorar la vida de todos, siempre que reconozca la creación de empleo digno y de valor como parte esencial de su servicio a la sociedad, y no como una variable dependiente únicamente del beneficio.[158]

158. Con espíritu profético, el Papa Francisco advirtió acerca de una libertad económica proclamada solo de palabra, mientras que las condiciones reales impiden que muchos se beneficien realmente de ella.[159] Los modelos económicos que resaltan la eficiencia y el éxito individual tienden a considerar inútil o poco rentable invertir en las personas que parten de situaciones de desventaja o que siguen trayectorias de crecimiento más lentas, como si su destino dependiera exclusivamente de su capacidad para seguir el ritmo de los ganadores. En realidad, una sociedad justa requiere un Estado presente e instituciones civiles capaces de superar la mera lógica de la eficiencia, orientando explícitamente los recursos, la creatividad y las normas a favor de los más vulnerables.[160] En lugar de esperar los beneficios de un crecimiento que "al final" llegará también a los pobres, se necesitan decisiones que hagan que el crecimiento sea inclusivo desde el principio. Las experiencias de las últimas décadas demuestran que, en las crisis económicas y financieras, son siempre los pobres quienes pagan el precio más alto, mientras que las teorías que prometen

---

[158] Cf. FRANCISCO, Carta enc. *Laudato si'* (24 mayo 2015), 129: *AAS* 107 (2015), 899.

[159] Cf. *ibíd.*

[160] Cf. ID., Carta enc. *Fratelli tutti* (3 octubre 2020), 108: *AAS* 112 (2020), 1006.

un bienestar general automático suelen resultar ilusorias.

159. Se observa la necesidad de superar los actuales parámetros de medición del grado de desarrollo –anclados desde hace más de ochenta años en el concepto de Producto Interno Bruto– que hacen que se pasen por alto, de forma casi sistemática, aspectos esenciales para el bienestar general de las personas y del medioambiente. Al mismo tiempo, dichos parámetros valoran actividades que tienen un impacto, a corto o largo plazo, en la vida de nuestro planeta. El desarrollo de parámetros y métricas complementarios al PIB es decisivo para mejorar los datos de base utilizados para realizar análisis, tomar decisiones políticas y de política económica, así como para seleccionar las prioridades regionales, nacionales e internacionales. La introducción de nuevos parámetros permitirá evaluar, con una visión amplia y adecuada a los tiempos, los efectos de las deliberaciones legislativas y normativas sobre la dignidad del trabajo, la prosperidad compartida, la reducción de las desigualdades y la protección del medioambiente. Repercutirá en el propio concepto de desarrollo, en los procesos formativos, en la mentalidad y en la opinión pública, y también en la paz, que solo es verdadera si se basa en la justicia.

160. Las finanzas han adquirido una importancia creciente en los últimos años y han experimentado una innovación significativa, incluso después de la introducción de las criptomonedas.

Las reflexiones y directrices contenidas en el Magisterio de mis Predecesores, particularmente en sus Encíclicas, han puesto de relieve el funcionamiento de la intermediación financiera «cuyo funcionamiento, habiéndose desvinculado de fundamentos antropológicos y morales apropiados, no solo ha producido abusos e injusticias evidentes, sino que se ha demostrado también capaz de crear crisis sistémicas en todo el mundo».[161] Y es igualmente cierto que la renta del capital corre el riesgo de sustituir a los ingresos del trabajo, que a menudo quedan relegados a un segundo plano respecto a los principales intereses del sistema económico. Sin embargo, el ahorro que se transforma en crédito para la economía real, y por ende para crear empleo tanto por cuenta ajena como por cuenta propia, sigue siendo fundamental para el desarrollo y para las inversiones que deben acompañar a las transiciones en curso. La función social del crédito sigue siendo insustituible. La financiación por la financiación misma es algo muy distinto de la financiación para el desarrollo y para la creación y evolución del trabajo.

161. Esta perspectiva debe considerarse dentro de una visión más amplia de las dinámicas globales. La riqueza mundial ha crecido en términos absolutos, pero su concentración en pocas manos ha aumentado y los desequilibrios se han acentuado,

---

[161] Cf. Congregación para la Doctrina de la fe – Dicasterio para el Servicio del Desarrollo Humano Integral, *Oeconomicae et pecuniariae quaestiones. Consideraciones para un discernimiento ético sobre algunos aspectos del actual sistema económico y financiero* (6 enero 2018), 6: *AAS* 110 (2018), 772.

tanto entre países como dentro de un mismo país: «pocos tienen demasiado y demasiados tienen poco, esta es la lógica de hoy».[162] Los avances científicos y tecnológicos, incluso en el ámbito médico, no son fácilmente accesibles para la gran mayoría de la población, como se vio de forma dramática durante la reciente pandemia. Mientras que en algunas regiones se invierte en intervenciones superfluas o en sueños de superación personal que pocas personas pueden permitirse, en otras partes del mundo aún faltan equipos esenciales para salvar millones de vidas humanas. Pensar que las nuevas tecnologías beneficiarán automáticamente a todos significa ignorar una evidencia: si no se gestionan las transformaciones fijando como objetivo prioritario, desde la fase de planificación, la prevención de nuevas y mayores desigualdades, el progreso tecnológico genera automáticamente desigualdades estructurales. Hoy la justicia pasa también por el acceso a los beneficios de la innovación: cuidados, conocimiento, herramientas y oportunidades.

162. No cabe duda de que se necesitan leyes justas e instrumentos de redistribución que corrijan los desequilibrios, incluso mediante sistemas fiscales que alivien la carga sobre los más débiles y exijan más a quienes disponen de mayores recursos. Pero no hay que considerar la búsqueda de la justicia social como un tema separado y

---

[162] Francisco, *Discurso al personal del Fondo Internacional para el Desarrollo Agrícola (FIDA)* (14 febrero 2019): *AAS* 111 (2019), 309. Cf. Benedicto XVI, Carta enc. *Caritas in veritate* (29 junio 2009), 22: *AAS* 101 (2009), 657.

posterior a la producción de riqueza, como si la economía debiera limitarse a crear valor y la política interviniera solo después para distribuirlo. Por el contrario, la justicia afecta a todas las fases de la actividad económica, desde la obtención de recursos hasta la financiación, desde la producción hasta el consumo, y cada elección tiene consecuencias morales.[163]

163. Más aún, en la era de la IA y de la robótica, ya no es posible confiar únicamente en la "mano invisible" del mercado:[164] la política tiene la tarea de orientar las dinámicas económico-tecnológicas hacia el bien común, promoviendo el trabajo digno, la inclusión social y una distribución equitativa de los beneficios de la innovación. Dado que muchas decisiones económicas traspasan las fronteras de los estados, también es necesaria una cooperación internacional capaz de definir estrategias comunes, sobre todo en favor de los países y los grupos más vulnerables, para promover el desarrollo y superar el asistencialismo. La lógica que inspira estas decisiones es la de la inmensa dignidad de cada persona, del bien común y de un mundo verdaderamente pensado para todos. La interdependencia entre paz y desarrollo, como escribió proféticamente san Pablo VI en 1967,[165] podría actualizarse hoy así: la prosperidad puede contribuir a construir y fortalecer la paz solo si es generalizada, inclusiva y sostenible.

---

[163] Cf. *ibíd.*, 36: *AAS* 101 (2009), 671-672.

[164] Cf. Francisco, Exhort. ap. *Evangelii gaudium* (24 noviembre 2013), 204: *AAS* 105 (2013), 1105-1106.

[165] Cf. S. Pablo VI, Carta enc. *Populorum progressio* (26 marzo 1967), 87: *AAS* 59 (1967), 299.

164. En términos concretos, orientar la economía hacia la dignidad significa adoptar algunos criterios de actuación estables incluso en la era de la IA. En primer lugar, transparencia y responsabilidad: cuando los datos y los algoritmos influyen en la concesión de créditos, la selección de personal o el acceso a servicios u oportunidades, es necesario que las decisiones sean comprensibles, cuestionables y sometidas a control, para que la persona no quede reducida a un perfil. En segundo lugar, inclusión y acceso: los beneficios de la innovación deben ir acompañados de inversiones en competencias, infraestructuras y servicios esenciales, para que la tecnología no amplíe la brecha entre quienes tienen y quienes no tienen. Por último, medidas de equidad: la fiscalidad, las protecciones sociales y las políticas industriales deben corregir los desequilibrios creados por la concentración de riqueza y poder. Estos criterios no son un freno a la innovación; en realidad, la hacen viable y humana.

Familia y jóvenes: condiciones sociales de la esperanza

165. La familia es un bien social primario. Fundada en la unión estable entre un hombre y una mujer, es el primer entorno en el que cada persona desarrolla su potencial, toma conciencia de su dignidad y aprende las primeras formas de verdad y bondad, interiorizando hábitos que la preparan para la vida en sociedad.[166] La familia, la primera sociedad natural, dotada de derechos originales, es

---

[166] Cf. S. Juan Pablo II, Carta enc. *Centesimus annus* (1 mayo 1991), 39: *AAS* 83 (1991), 841.

la célula fundamental e insustituible de toda organización comunitaria.[167] En consecuencia, cuando los proyectos políticos y las decisiones económicas importantes la relegan a un papel marginal o secundario, se compromete el crecimiento auténtico de todo el cuerpo social.[168]

166. La familia es, sin embargo, un bien social frágil, que se ve afectado de forma inmediata por las transformaciones económicas y tecnológicas que están cambiando el mundo laboral, y que requiere apoyo cultural, jurídico y económico. Es bien conocido el impacto devastador del desempleo y la precariedad en el tejido familiar. A corto plazo puede parecer ventajoso reducir el coste laboral o maximizar la eficiencia financiera, pero a largo plazo esto socava los cimientos mismos de la convivencia: mientras se celebran los avances tecnológicos, la estructura social se ve progresivamente erosionada como por un virus silencioso.

167. Para los jóvenes, la precariedad laboral es especialmente grave. Como recuerdan los obispos de Estados Unidos de América, el trabajo no es solo fuente de ingresos, sino un ámbito decisivo en el que se forma la identidad, se tejen amistades y relaciones, se aprenden responsabilidades concretas y se discierne la propia vocación.[169]

---

[167] Cf. Pontificio Consejo Justicia y Paz, *Compendio de la doctrina social de la Iglesia*, 211.

[168] Cf. S. Juan Pablo II, Carta *Gratissimam sane* (2 febrero 1994), 17: *AAS* 86 (1994), 903-906.

[169] Cf. Conferencia de Obispos Católicos de los Estados Unidos, *Hijos e Hijas de la Luz: Plan Pastoral para el Ministerio con Jóvenes Adultos* (12 noviembre 1996), Washington D.C. 1996, I, 3.

Cuando el acceso al empleo se ve obstaculizado por altas tasas de desocupación, sistemas de formación inadecuados o barreras estructurales, muchos jóvenes ven bloqueado su camino hacia la realización personal y profesional. La necesidad de cambiar de trabajo varias veces a lo largo de la vida exige itinerarios de actualización y recualificación permanentes, que hagan capaces a las nuevas generaciones de asumir, con competencia y autonomía, los riesgos de un contexto económico cambiante y a menudo impredecible.[170]

168. De ahí se deriva una específica responsabilidad pública. El Estado tiene el deber de apoyar la actividad de las empresas creando condiciones favorables para el empleo, fomentando el trabajo donde escasea y defendiéndolo en tiempos de crisis, ya que este es un bien primario para las familias y para la sociedad.[171] Especialmente en una época de profundos cambios tecnológicos, se necesita una creatividad política "a favor del empleo" que sitúe en el centro a la familia y a las nuevas generaciones, si no queremos que los avances económicos se traduzcan en nuevas formas de inseguridad y exclusión.

169. Sostener a las familias y a los jóvenes en esta transición requiere medidas que hagan posible la estabilidad. Como ya se mencionó anteriormente, se necesitan políticas laborales que favorezcan la continuidad y la calidad del empleo,

---

[170] Cf. Pontificio Consejo Justicia y Paz, *Compendio de la doctrina social de la Iglesia*, 290.

[171] Cf. *ibíd.*, 214.

combatiendo la precariedad como condición normal de vida y promoviendo itinerarios realistas de acceso y desarrollo profesional. En segundo lugar, se necesitan medidas que garanticen ritmos humanos: sin un equilibrio entre trabajo, servicios y descanso, la familia se debilita y a los jóvenes les cuesta madurar el sentido de responsabilidad. Además, es fundamental invertir en formación y capacitación profesional accesibles, para que la movilidad profesional que exige la economía digital no se convierta en una selección cruel entre quienes pueden actualizarse y quienes no. Por último, hay que apoyar los vínculos sociales: redes y comunidades educativas que acompañen las elecciones de vida e impidan que la incertidumbre genere soledad y dependencias. Así, la transformación tecnológica puede ser atravesada sin romper aquello que hace generativa una sociedad: la capacidad de construir el futuro.

CUSTODIAR LA LIBERTAD FRENTE A LA DEPENDENCIA Y LA MERCANTILIZACIÓN

Dependencias y control social

170. Tras haber analizado la verdad y la educación, el trabajo y las familias, debemos hablar del efecto de la revolución digital sobre la libertad humana, reflexionando sobre cómo abordar tanto los riesgos relacionados con la psicología individual como los grandes dramas sociales. No deben subestimarse las formas más sutiles de dependencia vinculadas a la economía digital de la atención, donde las plataformas y los servicios están diseñados para

captar el tiempo y la mirada de los usuarios, explotando sus fragilidades y debilitando la libertad interior. Cuando los modelos de negocio prosperan a costa de la debilidad humana, la persona es tratada como un medio y no como un fin, y quienes diseñan o financian estos sistemas asumen una responsabilidad moral de la que no pueden eximirse. Es urgente promover un uso de las tecnologías que refuerce la libertad interior: educación en la sobriedad digital, protección de los menores y lucha contra los modelos que prosperan a costa de la vulnerabilidad.

171. Un riesgo adicional, menos visible pero no menos grave, es el del control social que la recopilación masiva de datos y el uso de sistemas algorítmicos hacen posible. Cuando cada gesto deja huellas –desplazamientos, compras, relaciones, preferencias– se crea un poder nuevo: el de perfilar, prever y orientar los comportamientos, a menudo sin que las personas tengan plena conciencia de ello. Si estos datos se utilizan para tomar decisiones que inciden en oportunidades concretas (acceso al crédito, selección de personal, servicios), existe el riesgo de socavar la libertad y discriminar a los más vulnerables. Además, el control no pasa solo por prohibiciones explícitas, sino por la arquitectura de la visibilidad: lo que se amplifica o se vuelve invisible, lo que se recompensa o se penaliza, termina moldeando opiniones y elecciones, generando conformismo y autocensura. Por eso la libertad, en la era digital, no es solo una cuestión interior; es también un asunto público, que exige normas claras, transparencia, vías de recurso y

límites proporcionados al uso de tecnologías invasivas, para que la tecnología siga estando al servicio de la persona y no se convierta en una forma de dominio de las conciencias.

172. La raíz de estos problemas es una mentalidad tecnocrática y posthumanista, que tiende a considerar a la persona como un objeto manipulable o un recurso para optimizar,[172] eliminando todo lo que pone límites a la maximización del beneficio: lo que importa es la eficiencia, no el respeto a la libertad y a la dignidad humana. Algunas corrientes posthumanistas llegan incluso a plantear la existencia de seres humanos "de segunda clase", al servicio de los intereses de élites que se perciben a sí mismas como superiores: una perspectiva inquietante, más grave aún si se combina con instrumentos tecnológicos que amplían de forma exponencial el poder de control y de selección. También ciertas lógicas de endeudamiento estructural, que mantienen a pueblos enteros en condiciones de dependencia, revelan la misma mentalidad que acepta, bajo nuevas formas, relaciones de subordinación cercanas a la esclavitud.

Romper las cadenas de las nuevas esclavitudes

173. Esta visión distorsionada del ser humano se traduce hoy en diversas formas de sometimiento vinculadas directamente a la economía digital. En el mundo de la IA nada es inmaterial o mágico. Cada respuesta que parece inmediata y perfecta

---

[172] Cf. FRANCISCO, *Mensaje para la 48ª Jornada Mundial de la Paz* (8 diciembre 2014), 4: *AAS* 107 (2015), 70-71.

proviene de una larga cadena de mediaciones, una extensa red de recursos naturales, infraestructuras energéticas y, sobre todo, personas. Una parte significativa del funcionamiento de la economía digital se sustenta en el trabajo silencioso de millones de seres humanos, empleados en actividades poco visibles pero esenciales: etiquetado de datos, moderación de contenidos –a menudo pésimos– y entrenamiento de modelos. En muchos casos se trata de jóvenes, en su mayoría mujeres, que trabajan duro a cambio de remuneraciones mínimas. A este arduo trabajo invisible se suma la tarea, aún más brutal, de la extracción de los recursos necesarios para la producción de los dispositivos y microprocesadores en los que se basa la IA. En algunas regiones del mundo, adolescentes y niños trabajan en condiciones peligrosas en la trituración de los materiales de los que se obtienen las tierras raras. Cuerpos marcados, mutilados, consumidos para que el flujo de los cálculos no se interrumpa. Además, las redes criminales utilizan plataformas en internet, sistemas de mensajería, pagos anónimos y técnicas de perfilado para reclutar, controlar y trasladar a víctimas de la trata, muchas veces menores de edad, convirtiendo a hombres y mujeres en "datos" que rastrear y "paquetes" para transferir dentro de los mismos circuitos digitales que sustentan gran parte de la economía global. Esta realidad interpela profundamente la conciencia moral de nuestro tiempo. No basta con invocar la eficiencia ni con alabar los beneficios de la innovación, si estos se basan en una cadena de explotación que se mantiene deliberadamente oculta. Si una tecnología promete emancipación, pero produce nuevas formas de subordinación global, contradice el principio fundamental de la dignidad de la persona.

174. La lucha contra las nuevas formas de esclavitud constituye una prueba de fuego decisiva para el discernimiento ético de la IA y la transformación digital. Siguiendo la tradición iniciada por León XIII, la Iglesia renueva su firme condena de toda forma de esclavitud, trata y mercantilización de las personas, y recuerda la urgencia de un amplio movimiento de reflexión y acción que sitúe en el centro la dignidad inalienable de todo ser humano y el bien común, como fines de la sociedad y como criterios de toda decisión personal, social y política. Sin esta reflexión ética y humanizadora, el creciente poder de los sistemas digitales corre el riesgo de conducirnos hacia nuevas atrocidades, no menos vergonzosas que las del pasado que hoy deploramos, mientras seguimos presentándonos como sociedades "avanzadas" y "civilizadas".

175. La trata debe reconocerse como una forma contemporánea de esclavitud y como una grave violación de la dignidad humana; no reaccionar con firmeza o tolerar de cualquier modo estas prácticas significa, en cierta medida, hacerse cómplice hoy de las culpas cometidas ayer, cuando la esclavitud se justificaba o se silenciaba.[173]

---

[173] Cf. Comisión Teológica Internacional, *Memoria y reconciliación. La Iglesia y las culpas del pasado* (7 marzo 2000), V. 3, Madrid 2000, 67-68.

176. La Iglesia, a medida que su doctrina fue madurando, fue tomando conciencia, progresivamente, de la gravedad de estas realidades. Es cierto que los acontecimientos del pasado no pueden juzgarse de forma ahistórica, como si todos los criterios que se han ido madurando con el tiempo hubieran estado siempre disponibles. Sin embargo, no podemos negar ni minimizar el retraso con el que la Iglesia y la sociedad condenaron el flagelo de la esclavitud. Si en la Antigüedad y en la Edad Media muchas personas e instituciones eclesiásticas tuvieron esclavos, ya en la Edad Moderna la Sede Apostólica romana, instada por las peticiones de los soberanos, intervino en varias ocasiones para regular y legitimar las modalidades de sometimiento y, en algunos casos, de reducción a la esclavitud de los "infieles".[174] Hubo que esperar hasta el siglo XIX para encontrar una condena formal, absoluta y universal de la esclavitud, en particular con León XIII.[175] Esto

[174] Como en las Bulas *Sicut dudum* (13 enero 1435) y *Etsi suscepti* (9 enero 1442) de Eugenio IV, y en las Bulas *Dum diversas* (18 junio 1452) y *Romanus Pontifex* (8 enero 1455) de Nicolás V. Las presiones políticas, y en ocasiones también las económicas, prevalecieron sobre las exigencias evangélicas. La evangelización se vio así frecuentemente doblegada o malinterpretada según las injerencias de los poderes temporales, relativizando la incompatibilidad de la esclavitud con la conciencia cristiana.

[175] Cf. LEÓN XIII, Carta enc. *In plurimis* (5 mayo 1888): *Acta Leonis XIII*, VIII, Roma 1889, 169-192. Considérese que aún en 1866, el Santo Oficio distinguía entre los aspectos inmorales y morales de la servidumbre, sin condenarla por completo: Roma, Archivo del Dicasterio para la Doctrina de la Fe, *Instr. 1293: Instrucción del Santo Oficio sobre diversas dudas planteadas por Monseñor Massaia, Vicario apostólico en el país de los Galla*, abril 1866, respuesta a la pregunta n. 15.

constituye un claro ejemplo de los progresos de la Iglesia en la comprensión de las verdades perennes de la Revelación que ella custodia. Aunque no encontramos homogeneidad en la cuestión en sí –habiendo tolerado durante mucho tiempo la esclavitud y llegando solo posteriormente a condenarla de manera absoluta–, existe una continuidad a lo largo de toda la historia en cuanto a la convicción acerca de la dignidad de todo ser humano, creado a imagen de Dios, aunque sin haber logrado, en dieciocho siglos, explicitar de manera oficial la total incompatibilidad de la esclavitud con dicha dignidad. Se trata de una herida en la memoria cristiana a la que no podemos considerarnos ajenos.[176] Es inevitable sentir un profundo dolor al considerar el enorme sufrimiento y humillación que la esclavitud ha significado para tantas personas, en contraste con la dignidad sin límites de cada una de ellas, amadas infinitamente por el Señor. Por eso, en nombre de la Iglesia, pido sinceramente perdón.

177. Precisamente por eso, el recuerdo de la complicidad y la ceguera del pasado ante la injusticia de la esclavitud se convierte para nosotros en un llamamiento a la vigilancia: lo que hemos aprendido debe traducirse en discernimiento y responsabilidad en el presente. Si no queremos pedir perdón en el futuro por no haber sido fieles al tesoro de la dignidad humana que contiene nuestra fe, hoy nos corresponde ser directos y firmes a la hora de denunciar la

---

[176] Cf. S. JUAN PABLO II, Bula *Incarnationis mysterium* (29 noviembre 1998), 11: *AAS* 91 (1999), 139-141.

trata en sus múltiples manifestaciones y de apoyar, paso a paso, junto con todos aquellos que se comprometen con esta causa, caminos reales de prevención, protección, liberación y rehabilitación.

178. El colonialismo muestra en la actualidad un rostro inédito. No solo domina los cuerpos, sino que se apropia de los datos, transformando las vidas personales en información explotable. Territorios enteros, sobre todo aquellos con menos relevancia geopolítica y mayor fragilidad estructural, se ven, en el presente, atravesados por una nueva lógica de extracción: la de los flujos sanitarios, perfiles epidemiológicos, mapas genéticos y datos demográficos. Estas son las nuevas "tierras raras" del poder: informaciones vitales que, una vez correlacionadas, pueden utilizarse para entrenar modelos predictivos, orientar estrategias de inversión, anticipar crisis y, sobre todo, seleccionar quién y qué importa. Quien posee los datos sanitarios de poblaciones enteras, hoy recopilados a menudo bajo el pretexto de la ayuda, la investigación o la innovación, posee en realidad una palanca estructural sobre el futuro: puede moldear las necesidades y los mercados. Y puede decidir, antes que los demás, a quién destinar medicamentos, inversiones y protecciones. Es aquí donde se juega una de las cuestiones morales más urgentes de nuestro tiempo: transformar el conocimiento compartido en bien común, no en herramienta de dominio; devolver a los pueblos no solo los datos que los describen, sino también la posibilidad de decidir cómo se utilizarán, quién los utilizará y para quién. De

lo contrario, la era digital no será postcolonial, sino colonial bajo otra forma.

179. Las nuevas esclavitudes se alimentan de cadenas económicas e infraestructuras digitales. Por lo tanto, es necesario actuar en varios frentes: en primer lugar, para exigir una mayor transparencia de las cadenas de suministro que sustentan la industria tecnológica y la economía digital, de modo que ninguna ventaja competitiva se construya sobre la explotación invisible. En segundo lugar, es necesario que las empresas y los inversionistas adopten criterios claros de verificación ética preventiva (*due diligence*), incluyendo entre las prioridades la protección de los trabajadores, la lucha contra el trabajo forzoso y el impacto social de los modelos de negocio basados en datos. Además, se debe exigir a las plataformas digitales que cooperen de manera responsable con las autoridades y con la sociedad civil para impedir que las herramientas de comunicación, pago y elaboración de perfiles se conviertan en canales de captación y control de las víctimas. Cuando estas decisiones convergen, el entorno digital puede transformarse de espacio de depredación en espacio de protección, prevención y promoción de la dignidad.

Una responsabilidad compartida

180. Los distintos ámbitos considerados –la búsqueda de la verdad en la vida pública, la educación en el entorno digital, las transformaciones del mundo laboral, la fragilidad de las familias

y las nuevas formas de esclavitud– no son fenómenos aislados. Todos ellos ponen en juego lo mismo: si la técnica se convierte en criterio absoluto, la persona corre el riesgo de ser tratada como un dato, un engranaje o una mercancía; si, por el contrario, la técnica se inscribe en un horizonte de sabiduría, puede convertirse en una oportunidad de crecimiento, justicia y fraternidad.

181. Desde esta perspectiva, la Doctrina social de la Iglesia propone una responsabilidad compartida. Pide que estos procesos sean gestionados con visión de futuro: por instituciones capaces de regular sin asfixiar y de proteger sin suplantar; por empresas que reconozcan en el trabajo y en la dignidad un criterio de éxito; por organismos intermedios y comunidades educativas que reconstruyan la confianza y los vínculos; por ciudadanos que cultiven la responsabilidad, la sobriedad, el discernimiento y el sentido de la verdad. Solo así la innovación podrá convertirse realmente en desarrollo humano integral y no en factor de exclusión y dominio; y solo así la promesa del progreso podrá ser reconocida como verdadera, porque estará medida en función de la dignidad inviolable de cada hombre y cada mujer.

CAPÍTULO QUINTO

LA CULTURA DEL PODER
Y LA CIVILIZACIÓN DEL AMOR

182. Tras haber analizado cómo la IA está transformando algunos aspectos de la vida y de la sociedad, con graves repercusiones para la dignidad humana, es necesario dirigir la mirada hacia un ámbito aún más dramático: la guerra. Aquí la cuestión no se refiere únicamente a la eficiencia de los nuevos instrumentos, sino al riesgo de que la tecnología, separada de la ética y de la responsabilidad, haga más rápida e impersonal la decisión sobre la vida y la muerte, y presente el uso de la fuerza como una opción inmediata y viable. En un mundo cada vez más interdependiente, la paz no es un tema entre otros, sino una condición del bien común universal y una prueba para la madurez moral de los pueblos, y especialmente de quienes son llamados a puestos de responsabilidad en el gobierno.

183. La revolución digital está modificando la gramática de los conflictos. A la guerra visible se suman formas híbridas: ataques cibernéticos, manipulación de la información, campañas de influencia y automatización de decisiones estratégicas. La IA entra en estos procesos como factor de aceleración, en un contexto en el que muchas tecnologías son intrínsecamente ambivalentes: lo

que nace para proteger puede convertirse rápidamente en ataque, y la frontera entre protección y agresión tiende a difuminarse. La IA puede potenciar la defensa y la protección de los civiles, pero también puede bajar el umbral del uso de la fuerza, hacer opacas las responsabilidades y alimentar una cultura en la que el enemigo queda reducido a un dato y la víctima a un "daño colateral". Ante estas transformaciones, debemos recurrir a los principios de la Doctrina social –dignidad de la persona, bien común, destino universal de los bienes, subsidiariedad, solidaridad y justicia– como criterios para juzgar si las tecnologías sirven realmente a la humanidad o terminan por someterla, y considerarlas como orientaciones para nuestras decisiones.

184. En este capítulo pretendo, por tanto, comparar dos lógicas opuestas, que ya he evocado con imágenes bíblicas: por un lado, la tentación de construir la torre de Babel, confiando en el poder y en el orgullo; por otro, la paciencia de reconstruir Jerusalén, como en tiempos de Nehemías, "pieza por pieza", cuidando lo humano y el bien común.

185. Si observamos las dinámicas mundiales, reconocemos cada vez con mayor claridad la expansión de una cultura del poder, hecha de polarizaciones y violencias. La Babel moderna no es solo el paradigma tecnocrático globalizado, sino también el enfrentamiento a distancia entre imperialismos contrapuestos, entre potencias que quieren conservar su primacía y potencias que aspiran a conquistarla, con una multiplicidad de conflictos locales.

Es, además, la carrera por desarrollar tecnologías cada vez más poderosas, o por asegurarse su control, según una dinámica deshumanizante que parece no conocer límites. Y, sin embargo, junto a esta deriva, vislumbramos a gran parte de la humanidad que trata de seguir siendo humana y de esforzarse por construir la ciudad de la convivencia y la paz. De ella, todos somos a menudo artífices inconscientes y arquitectos desunidos, capaces de gestos generosos pero carentes de una visión de conjunto: es una construcción más lenta, menos visible y menos llamativa, que espera ser mejor comprendida y más coordinada, para convertirse así en el compromiso consciente y articulado de cada comunidad, desde la familia hasta el gobierno de los estados y sus relaciones. Es a este horizonte de compromiso, a esta obra de esperanza, al que damos el nombre de "civilización del amor".

La civilización del amor en la era digital

186. Cuando san Pablo VI introdujo la expresión "civilización del amor",[177] el mundo se veía marcado por la Guerra Fría, la carrera armamentista y fuertes desequilibrios económicos. En ese contexto, la Iglesia indicaba un camino alternativo a la oposición ideológica entre sistemas, imaginando un orden social en el que la justicia y la caridad se entrelazan y el amor se convierte en principio de organización de la vida económica, política y cultural. Hoy debemos recuperar con

---

[177] Cf. S. Pablo VI, *Regina caeli* (17 mayo 1970): *Insegnamenti di Paolo VI*, VIII, Ciudad del Vaticano 1971, 506.

fuerza esta visión: la civilización del amor no es una utopía ingenua, sino un proyecto exigente. Consiste en traducir la caridad en estructuras de justicia, en dar cuerpo institucional a la fraternidad y en considerar al otro –ya sea persona o pueblo– como un aliado necesario para la construcción del bien común. Como nos ha recordado la Encíclica *Fratelli tutti*, solo este amor social, capaz de convertirse en cultura y norma, puede generar un orden internacional estable, transformando la convivencia de simple coexistencia armada en comunidad de destino.[178]

187. Hoy, en el contexto de la revolución digital, esta intuición resulta aún más decisiva. Las redes digitales, la economía globalizada y el desarrollo de la IA crean vínculos cada vez más estrechos, conectando en tiempo real las decisiones tomadas en un lugar con los efectos que producen en otro. Por eso, siguen siendo actuales las palabras del Concilio Vaticano II sobre la creciente interdependencia entre los pueblos: el bien común adquiere cada vez más una dimensión universal, con derechos y deberes que conciernen a toda la familia humana.[179] El proyecto de la civilización del amor asume aquí la tarea decisiva de transformar esta interdependencia padecida en una solidaridad deseada y elegida. Es el criterio para orientar los procesos tecnológicos: no basta con que la IA nos haga más eficientes o conectados, debe servir para edificar

---

[178] Cf. Francisco, Carta enc. *Fratelli tutti* (3 octubre 2020), 183: *AAS* 112 (2020), 1033-1034.

[179] Cf. Conc. Ecum. Vat. II, Const. past. *Gaudium et spes*, 26: *AAS* 58 (1966), 1046-1047.

esa familia humana universal, con derechos y deberes compartidos, donde la proximidad digital se convierta en una ocasión real de encuentro y de cuidado recíproco.

188. En los tiempos que vivimos se está consolidando una cultura del poder, en la que la disponibilidad de medios y la capacidad de dominar tienden a dictar la agenda y los criterios de decisión, relegando el bien común de la humanidad a un segundo plano y reduciendo el drama concreto de los pueblos en guerra a una variable secundaria respecto a los intereses estratégicos. Esta cultura del poder penetra en la sociedad, modifica las relaciones y los comportamientos, se expande normalizando la guerra, persiguiendo un poder militar cada vez mayor, aprovechándose de la crisis del multilateralismo y alimentando un falso realismo, el cual repite que no existen alternativas.

La normalización de la guerra

189. En 1965 resonó con fuerza el grito de san Pablo VI ante la Asamblea de la ONU: «¡Nunca más la guerra, nunca más la guerra!».[180] Debemos reconocer que, a pesar de los deseos y las proclamas de paz, los últimos sesenta años han estado marcados por conflictos de una ferocidad impresionante, que a menudo han afectado

---

[180] S. PABLO VI, *Discurso a la Asamblea General de las Naciones Unidas* (4 octubre 1965): *AAS* 55 (1965), 881.

masivamente a las poblaciones civiles, causando víctimas inocentes, oleadas de refugiados, desestabilización social y heridas de larga duración. Sin embargo, en el discurso público prevalecía la convicción de que la guerra debía seguir siendo una *extrema ratio*, sujeta a rigurosos límites éticos y jurídicos y, en cualquier caso, a un horizonte político orientado a la paz. A raíz de los acontecimientos ocurridos en el período de entreguerras, tras la Segunda Guerra Mundial se produjo un giro: la paz se situó en el centro del orden internacional, como lo atestigua en particular la *Carta de las Naciones Unidas*, que se propone «preservar a las generaciones venideras del flagelo de la guerra».[181] Muchas Constituciones nacionales, en la misma línea, habían relegado el uso de las armas a casos extremos y rigurosamente delimitados. Incluso durante la Guerra Fría, a pesar de la presencia de conflictos graves, persistía la conciencia de que había que evitar a toda costa un nuevo conflicto mundial.

190. Hoy, en cambio, asistimos a un verdadero cambio de paradigma en el discurso público y en las decisiones de rearme, con una preocupante rehabilitación de la guerra como instrumento de política internacional, mientras se erosionan precisamente aquellos criterios éticos que habían limitado su uso. Los conflictos regionales que se prolongan en el tiempo, la escalada de tensiones y las amenazas cruzadas se vuelven casi

---

[181] ORGANIZACIÓN DE LAS NACIONES UNIDAS, *Carta de las Naciones Unidas* (26 junio 1945), San Francisco 1945, Preámbulo.

habituales, y resurgen formas de conflicto por la expansión territorial que se creían superadas. La opinión pública se orienta y acostumbra progresivamente a narrativas mediáticas polarizadas, a menudo amplificadas por algoritmos que valoran el enfrentamiento y la oposición.

191. También asistimos a una preocupante pérdida de la memoria histórica. La desaparición gradual de los testimonios directos del Holocausto y de las dos guerras mundiales facilita la reescritura selectiva o distorsionada del pasado, en un clima en el que las noticias falsas y las manipulaciones narrativas empañan las lecciones aprendidas. Sin una memoria viva de los horrores de la guerra, las decisiones políticas corren el riesgo de tomarse sobre la base de cálculos de fuerza, carentes de una visión de las consecuencias a largo plazo.

192. A todo esto se suma un elemento nuevo y decisivo: la dimensión mediática y digital. Las redes de comunicación, los entornos informativos fragmentados y los algoritmos que premian el enfrentamiento pueden amplificar la polarización y el resentimiento, acelerar la propaganda y dificultar el discernimiento común. Así, la guerra no solo se libra, sino que también se prepara culturalmente a través de narrativas simplistas, lógicas de amigo-enemigo, desinformación y miedo. Cuando se atenúa la memoria histórica y se debilitan los criterios éticos que protegen a los civiles y a los más frágiles, se vuelve más fácil presentar la violencia como necesaria, inevitable o incluso "limpia". Es en este clima donde

la humanidad está cayendo en la cultura violenta del poder, donde la paz ya no se presenta como una tarea por asumir, sino como un intervalo precario entre conflictos. Hoy más que nunca es importante reiterar la superación de la teoría de la "guerra justa", invocada con demasiada frecuencia para justificar cualquier guerra, sin perjuicio del derecho a la legítima defensa, entendida en el sentido más estricto.[182] La humanidad cuenta con instrumentos mucho más eficaces y capaces de promover la vida humana para afrontar los conflictos, como el diálogo, la diplomacia y el perdón. El recurso a la fuerza, a la violencia y a las armas testimonia una pobreza relacional que siempre tiene consecuencias desastrosas para las poblaciones civiles.

La fuerza sin límites

193. Un elemento decisivo del panorama actual es el crecimiento de la industria bélica, que se ha convertido en un sector clave de la economía de algunos países. La estrecha conexión entre los intereses económicos, los aparatos militares y las decisiones políticas genera una "nación armada",

---

[182] Cf. FRANCISCO, Carta enc. *Fratelli tutti* (3 octubre 2020), 258: *AAS* 112 (2020), 1061: «De hecho, en las últimas décadas todas las guerras han sido pretendidamente "justificadas". El *Catecismo de la Iglesia Católica* habla de la posibilidad de una legítima defensa mediante la fuerza militar, que supone demostrar que se den algunas "condiciones rigurosas de legitimidad moral". Pero fácilmente se cae en una interpretación demasiado amplia de este posible derecho. Así se quieren justificar indebidamente aun ataques "preventivos" o acciones bélicas que difícilmente no entrañen "males y desórdenes más graves que el mal que se pretende eliminar"»; cf. *Catecismo de la Iglesia Católica*, 2309.

en la que la guerra parece casi una prolongación natural de la política y el mercado de las armas se convierte en un motor autónomo de las decisiones bélicas. No podemos ignorar los enormes intereses económicos que están detrás de la guerra. Las industrias armamentísticas y los países que suministran armas se benefician de un mercado que prospera precisamente gracias a los conflictos. En este sentido, existe también una lógica económica que contribuye a alimentar tensiones en diversas regiones del mundo.

194. Los arsenales militares están en el centro de la atención. En el pasado, el reconocimiento de la amenaza que representaban las armas capaces de destruir a toda la humanidad había favorecido vías de distensión y de negociación sobre el desarme. Lamentablemente, hemos salido de ese horizonte y la evolución de los arsenales nucleares –incluida la perspectiva de usos "tácticos"– hace que el recurso a tales artefactos parezca una posibilidad cada vez menos remota. En este contexto, la entrada en vigor en 2021 del *Tratado sobre la Prohibición de las Armas Nucleares*, respaldado por más de setenta países, representa una señal importante, pero corre el riesgo de quedar en gran parte simbólica, ya que las principales potencias atómicas no se han adherido a él. Así se ha extendido la creencia, errónea, de que la disuasión nuclear es una condición indispensable para la seguridad, lo que ha alimentado una nueva y difícilmente controlable carrera armamentística, acompañada del desmantelamiento progresivo de los acuerdos de reducción de las armas nucleares y del desarrollo

de armas "miniaturizadas", que hacen más fácil considerar su uso como una opción viable.

195. La misma lógica se observa en los conflictos convencionales: la fuerza militar, la debilidad de las iniciativas diplomáticas y la complejidad de los intereses en juego favorecen conflictos que tienden a hacerse crónicos, con un costo humano y ambiental altísimo. Es mucho más fácil iniciar una guerra que detenerla y, sin embargo, la reflexión sobre la prevención de conflictos sigue siendo dramáticamente marginal.

196. El panorama se vuelve aún más inestable por la presencia de nuevos actores armados –grupos yihadistas, milicias privadas, redes criminales– que marcan el fin del monopolio estatal de la fuerza. A menudo, estos sujetos entrelazan motivaciones ideológicas vagas con intereses económicos muy concretos, transformando la guerra en un verdadero modo de vivir para generaciones enteras de jóvenes y niños: el objetivo ya no es una victoria definitiva, sino la perpetuación del conflicto como fuente de poder y beneficios.

Armas e IA

197. A este panorama se suma el desarrollo incesante de los sistemas de armas y en particular de las armas relacionadas con la IA. La Santa Sede ha señalado recientemente que la creciente facilidad con la que se pueden emplear los sistemas de armas con autonomía operativa hace que la guerra sea más "viable" y menos sujeta

al control humano, lo que contradice el principio de que recurrir a la fuerza armada debe ser un último recurso en caso de legítima defensa.[183] Por ello, el desarrollo y el uso de la IA en el ámbito bélico deben estar sujetos a las restricciones éticas más rigurosas, y al respeto de la dignidad humana y de la sacralidad de la vida, evitando una carrera armamentista.[184]

198. A veces se habla de "agentes morales artificiales", como si una máquina pudiera garantizar, con mayor coherencia que un ser humano, la distinción entre el bien y el mal. Pero el juicio moral no se puede reducir a un cálculo: implica conciencia, responsabilidad personal y reconocimiento del otro como persona. Por eso no es lícito confiar a sistemas artificiales decisiones letales o, en cualquier caso, irreversibles. No existe algoritmo que pueda hacer que la guerra sea moralmente aceptable. La IA no libera al conflicto de su intrínseca inhumanidad: solo puede hacerlo más rápido e impersonal, bajando el umbral del recurso a la violencia y transformando la defensa en previsión operativa, con las víctimas reducidas a datos. Así, nos acostumbra a la idea de que la violencia es inevitable y solo debe optimizarse. Por tanto, es de máxima importancia infundir valores y un juicio prudente en la programación de los sistemas artificiales que construimos; estos pueden contribuir a un ecosistema moral en el

---

[183] Cf. Dicasterio para la Doctrina de la Fe – Dicasterio para la Cultura y la Educación, Nota *Antiqua et nova* (14 enero 2025), 99: *AAS* 117 (2025), 202-203.
[184] Cf. *ibíd.*, 103: *AAS* 117 (2025), 204.

que los seres humanos estén mejor preparados para escuchar su propia conciencia y en el que los modelos de IA establezcan límites adecuados.

199. No es suficiente invocar la ética de manera genérica: es necesario indicar criterios precisos de discernimiento. El primero se refiere a la responsabilidad personal. Cuando la decisión de atacar se automatiza o se vuelve opaca, aumenta el riesgo de que se pierda el sentido de la responsabilidad. Por eso, la cadena de responsabilidades debe seguir siendo identificable y verificable: quienes planifican, entrenan, autorizan y emplean deben poder rendir cuentas de sus decisiones. El segundo criterio se refiere al tiempo del juicio moral. La IA tiende a acortar los tiempos de decisión; pero, en la guerra, las decisiones irreversibles no pueden tener como criterios supremos la rapidez y la eficiencia. El tercer criterio es la distinción y la protección de los civiles. Toda tecnología que facilite atacar sin ver el rostro del otro baja el umbral moral del conflicto. La selección de objetivos y el uso de la fuerza no pueden confundir a combatientes y no combatientes, ni ignorar el impacto sobre las poblaciones indefensas.

200. De estos criterios se derivan algunas exigencias ineludibles. En primer lugar, para cada sistema empleado en el ámbito bélico deben garantizarse la trazabilidad y la posibilidad de reconstruir las decisiones, de modo que la responsabilidad y las posibles culpas no se disuelvan "en la máquina". En segundo lugar, la decisión de emplear la fuerza letal no puede delegarse en

procesos turbios o automatizados, sino que debe permanecer bajo un control humano efectivo, consciente y responsable. Por último, es necesario establecer reglas compartidas, incluso a nivel internacional, que frenen la carrera armamentística tecnológica y aseguren una protección especial a los civiles y a las infraestructuras esenciales para su supervivencia.

La crisis del multilateralismo

201. La cultura del poder surge también de la crisis del sistema multilateral. Las instituciones creadas para salvaguardar la idea de un destino común de los pueblos y de un bien común a nivel mundial parecen debilitadas, no solo por limitaciones estructurales, sino porque a menudo falta una voluntad compartida de apoyarlas, reformarlas y reconocer su autoridad moral. En lugar de avanzar, estamos retrocediendo con respecto al giro histórico del siglo XX. Después de 1989, el colapso de los regímenes comunistas en Europa vino acompañado de una globalización predominantemente económica, carente de una arquitectura política adecuada capaz de sostener el diálogo y la paz. Se confió casi ciegamente a los mercados la capacidad de producir bienestar, democracia y estabilidad, mientras que, en realidad, la globalización no ha generado automáticamente unidad y paz, sino que ha suscitado reacciones fundamentalistas, identitarias y nacionalistas. El resultado está lejos de un auténtico multilateralismo: se presenta más bien como un multipolarismo desordenado y conflictivo, donde prevalece la desconfianza hacia el otro.

202. Reaparece la tentación de construir la identidad colectiva contra un enemigo, alimentando narrativas en las que cada uno se presenta como víctima legitimada para la revancha. La simplificación en esquemas –"yo primero", "amigo-enemigo", "nosotros-ustedes"– facilita decisiones, a menudo irresponsables, que minan la confianza recíproca entre las naciones. La fuerza del derecho internacional es así sustituida por el supuesto "derecho del más fuerte", y sus instrumentos –desde los tribunales competentes en crímenes de guerra hasta los tribunales llamados a resolver las controversias entre estados– son a menudo eludidos o debilitados, con consecuencias devastadoras para la cultura política y la convivencia.[185]

203. En este contexto, la construcción de la paz ha pasado a un segundo plano: la cooperación para el desarrollo, el desarme, la prevención de conflictos y el fomento de la confianza mutua quedan relegados, en nombre de lógicas de poder. Así se debilitan también los logros del derecho humanitario: el principio de proporcionalidad en la respuesta a las agresiones, la protección del acceso al agua, los alimentos y los bienes esenciales, y el respeto por la vida de los civiles y de los niños son tratados como ingenuas reminiscencias del pasado.

---

[185] Cf. *Discurso en la Asamblea Plenaria de la Reunión de las Obras para la Ayuda a las Iglesias Orientales (ROACO)* (26 junio 2025): *AAS* 117 (2025), 847-849.

204. Vivimos en una época de notable ceguera espiritual y cultural. Un falso pragmatismo invita a cortar las raíces de la memoria, como si se pudiera inaugurar una especie de "nueva creación" desvinculada del pasado; incluso quienes invocan grandes principios morales pueden caer en este nihilismo histórico, creyendo ilusoriamente que las atrocidades del siglo XX ya no pueden repetirse. En realidad, las mismas dinámicas resurgen bajo nuevas formas. Parece volver a imponerse la lógica del equilibrio armado y de la disuasión. Pero, a diferencia del escenario bipolar de la Guerra Fría, hoy la multiplicación de los actores y de los frentes de conflicto hace que esta lógica sea cada vez más frágil. La conflictividad exacerbada empuja hacia guerras asimétricas e "híbridas", libradas también en el terreno económico, financiero e informático, con el uso de la desinformación y campañas que alimentan el miedo para influir en la opinión pública. En muchos países, incluso en el Sur global, el aumento del gasto militar se presenta como la única respuesta a un futuro incierto o a amenazas percibidas, mientras que el costo real recae sobre los más pobres, que ven reducirse los recursos destinados a la salud, a la educación y a los servicios sociales.

205. Detrás de todo esto se esconde un falso "realismo", basado no solo en la lógica arraigada de la fuerza, sino también en una convicción cultural y antropológica, como si la guerra fuera inevitablemente parte de la naturaleza humana. Siempre ha sido así –se dice– salvo breves paréntesis, ¡y así

será siempre! Por lo tanto, el problema ya no es la paz, perdida como referencia en el horizonte internacional, sino cómo y cuándo actuar militarmente, mientras se sostiene que sería irresponsable no prepararse para el enfrentamiento. En cambio, lo que es verdaderamente irresponsable es la *Realpolitik*, esta forma de "realismo" político, que siembra en las conciencias y en la cultura la resignación ante una guerra ineludible, y califica la paz y el diálogo como posiciones utópicas o irracionales, que ignoran los riesgos en juego. Por el contrario, la paz no es una esperanza ingenua ni solo una ausencia de guerra: es fruto, siempre posible, de la justicia y la caridad.

206. En este clima, el nihilismo y el pragmatismo terminan entrelazándose y normalizando errores gravísimos: los extremismos religiosos y los fanatismos identitarios se alían con un economicismo irracional, mientras que la política recurre con facilidad a la desinformación, a la ridiculización del adversario y a la construcción sistemática de miedos y resentimientos. Así, la diversidad del otro se vive cada vez más como una amenaza, alimentando el deseo de posesión, la voluntad de dominio, las ambiciones hegemónicas, los abusos de poder y el miedo a la diferencia, y preparando un terreno en el que pueden madurar nuevos conflictos sin apenas darnos cuenta.[186]

207. Este es un terreno fértil para nuevas guerras, tal vez aún más peligrosas que las anteriores, ya que

---

[186] Cf. Francisco, *Mensaje para la 53ª Jornada Mundial de la Paz* (8 diciembre 2019): *AAS* 112 (2020), 54-61.

tienden a perder todo límite ético. Lo que antes se consideraba inaceptable hoy puede llevarse a cabo casi sin vacilaciones, mientras que la reacción internacional se adapta a la conveniencia de cada gobierno más que a la gravedad objetiva de los hechos. Las decisiones ahora parecen ser guiadas casi exclusivamente por cálculos económicos, defendidas a través de ilusiones mediáticas, euforias artificiales y "sueños" que inevitablemente se desvanecen, generando frustración y nueva violencia. Cuando uno se persuade de que nada es verdaderamente real y de que los "principios" no son más que un envoltorio vacío, la mecha de nuevas explosiones de intolerancia y agresividad se enciende en el corazón mismo de las personas.

208. En este escenario, la pregunta sobre las garantías reales contra nuevas violencias sigue abierta. Cuando una cultura normaliza y justifica el conflicto, se abre una deriva peligrosa: lo que hoy parece impensable puede volverse mañana aceptable en el marco de cálculos de utilidad o de seguridad. En países marcados por graves tensiones sociales, no podemos excluir que alguien termine considerando el conflicto armado como una forma eficaz de desviar la atención de los problemas internos y como un instrumento de gestión cínica de las dificultades.

209. Una responsabilidad particular recae sobre quienes trabajan en el mundo de la investigación. Todos los protagonistas de este ámbito –científicos, empresarios, inversionistas, autoridades académicas, políticos, entre otros– están

llamados a trabajar con una lógica de transparencia y responsabilidad, manteniendo viva la conciencia del amplio marco en el que se inscriben los avances tecnológicos a los que contribuyen, incluidos los relacionados con la IA. Cuando uno se limita a mirar solo a su propio sector, se engaña a sí mismo creyendo que realiza una tarea moralmente neutra y evita las preguntas sobre los fines últimos que orientan determinados experimentos: así se corre el riesgo de cooperar, tal vez sin quererlo, en proyectos oscuros que alimentan nuevas formas de violencia, manipulación y dominio.

Construir la civilización del amor

210. La construcción de un mundo en estado de beligerancia permanente es un mal, y hay que llamarlo por su nombre. Esta forma de describir la realidad que vivimos puede parecer sombría o pesimista, pero considero que es una denuncia necesaria. La perspectiva cristiana, sin embargo, no se agota en la denuncia del mal. Nosotros miramos la historia a la luz del Crucificado Resucitado, a quien el Padre ha dado «todo poder en el cielo y en la tierra» (*Mt* 28,18). No interpretamos el presente como un destino cerrado, sino como un campo abierto a la conversión personal y colectiva. Y creemos en la fuerza del Reino, que se desarrolla a partir de la pequeñez de un grano de mostaza, como una semilla que, una vez sembrada, brota y crece (cf. *Mc* 4,26-32). Mientras el ruido de la confusión nos rodea, el bien crece silenciosamente desde la tierra. Con las palabras

del profeta: «Yo estoy por hacer algo nuevo: ya está germinando, ¿no se dan cuenta?» (*Is* 43,19).

211. Una lectura atenta de la historia lo confirma. Incluso en las noches más oscuras, el Señor suscita hombres y mujeres capaces de no resignarse y de perseverar en el bien: personas que protegen a los frágiles y abren caminos de reconciliación. La memoria de los santos y de los justos, de los constructores de paz a menudo olvidados, muestra que la gracia no elimina el conflicto con un gesto mágico, sino que genera una resistencia activa al mal y una creatividad sorprendente en el bien. Los cristianos ven las tinieblas y las llaman por su nombre, pero no se quedan paralizados contemplándolas: conocen la luz y saben que las tinieblas no la recibieron y no pueden vencerla (cf. *Jn* 1,5). Por eso, sirven al bien incluso donde el dolor parece tener la última palabra, sostenidos por una esperanza teologal que da a la realidad un horizonte y una dirección.

Todos podemos dar nuestro aporte

212. En este punto, sin embargo, se insinúa una tentación sutil: pensar que los problemas son demasiado grandes y nosotros demasiado pequeños, y que, por tanto, nuestras decisiones no cambian nada. Es una forma elegante de rendirse, a menudo disfrazada de realismo. Claro, no todos tienen el mismo poder de influir sobre la realidad: hay quienes gobiernan, quienes deciden inversiones, quienes dirigen instituciones, quienes investigan, quienes educan, quienes informan, quienes

producen; y hay quienes parecen tener solo su propia vida cotidiana. Sin embargo, nadie está exento de responsabilidad. Cada uno dispone de un ámbito propio de acción, y ahí –no en otro lugar– está llamado a elegir si alimenta la lógica de la fuerza –aunque sea solo con indiferencia, cinismo, mentira y odio–; o si promueve la lógica de la paz –con verdad, sobriedad, cercanía y cuidado–.

213. Un escritor católico del siglo XX, John Ronald Reuel Tolkien, por boca de uno de los protagonistas de una de sus novelas, describió así nuestra responsabilidad: «No nos atañe a nosotros dominar todas las mareas del mundo, sino hacer lo que está en nuestras manos por el bien de los días que nos ha tocado vivir, extirpando el mal en los campos que conocemos, y dejando a los que vendrán después una tierra limpia para la labranza».[187] La civilización del amor no nace de un gesto único y espectacular, sino de una suma de fidelidades pequeñas y tenaces, que hacen frente a la deshumanización. Por eso vale la pena detenerse y considerar algunos aspectos de cómo, cada uno en su ámbito, podemos colaborar en su construcción. Sin pretender agotar el tema, propongo cinco vías de responsabilidad cotidiana y pública: desarmar las palabras, construir la paz en la justicia, asumir la mirada de las víctimas, cultivar un sano realismo y relanzar el diálogo y el multilateralismo.

---

[187] J.R.R. TOLKIEN, *El señor de los anillos*, III: *El retorno del rey*, Barcelona 1991, 194.

Desarmar las palabras

214. La primera contribución que podemos hacer a una civilización más humana es prestar atención a nuestras palabras. «Desarmemos las palabras y contribuiremos a desarmar la tierra».[188] El poder de las palabras es enorme y lo experimentamos en nuestra comunicación cotidiana, cuando alguien nos dice algo que cambia nuestro estado de ánimo, ya sea para bien o para mal. «La paz comienza por cada uno de nosotros, por el modo en el que miramos a los demás, escuchamos a los demás, hablamos de los demás; y, en este sentido, el modo en que comunicamos tiene una importancia fundamental; debemos decir "no" a la guerra de las palabras y de las imágenes, debemos rechazar el paradigma de la guerra».[189] Todos debemos, por tanto, hacer un examen de conciencia sobre las palabras que usamos, sobre los prejuicios de los que están impregnadas y sobre la agresividad, abierta o encubierta, que las motiva. Tenemos una posibilidad real de contribuir al bien cada vez que decimos la verdad, que damos un consejo sabio, que apoyamos a quien necesita consuelo, que denunciamos una injusticia o damos voz a quien no la tiene.

Construir la paz en la justicia

215. Todos, a cualquier nivel, podemos contribuir al fundamento de la paz, que es la justicia.

---

[188] *Discurso a los representantes de los medios de comunicación* (12 mayo 2025): *AAS* 117 (2025), 682.
[189] *Ibíd.*

De hecho, no buscamos una paz cualquiera, una ausencia de conflicto a cualquier precio, sino esa paz verdadera que nace de la justicia. «Hay una estrecha relación entre la justicia de cada uno y la paz para todos».[190] Al comentar el versículo del salmo «la justicia y la paz se besarán» (*Sal* 85,11b), san Agustín escribe: «Nadie hay que no desee estar en paz, pero no todos quieren practicar la justicia. [ ] Pero tú debes practicar la justicia, ya que la paz y la justicia se besan, no están en discordia. Y tú, ¿por qué no estás de acuerdo con la justicia? Por ejemplo, te dice la justicia: no robes, y tú no le haces caso; no cometas adulterio, y te haces el sordo; no hagas a otro lo que tú no quieres que te hagan; no comentes de otros lo que no quieres que comenten de ti. [ ] ¿Quieres encontrarte con la paz? Practica la justicia».[191] ¡No nos cansemos, entonces, de buscar la justicia!

Asumir la mirada de las víctimas

216. Hay situaciones en las que, para seguir siendo humanos, debemos abandonar las vacilaciones y tomar partido. Hay conflictos en los que no es justo permanecer neutrales y no basta pensar en "no ser cómplices".[192] Cuando nos enfrentamos a bombardeos contra civiles, a ataques contra hospitales, escuelas o infraestructuras vitales, a

---

[190] S. Juan Pablo II, *Mensaje para la 31ª Jornada Mundial de la Paz* (1 enero 1998), 1: *AAS* 90 (1998), 147.

[191] S. Agustín, *Comentarios a los Salmos*, 84, 12: *CCSL* 39, Turnhout 1956, 1172-1173.

[192] Cf. Francisco, Carta enc. *Dilexit nos* (24 octubre 2024), 22: *AAS* 116 (2024), 1375-1376.

abusos que afectan a los niños, nos encontramos ante escándalos que hieren a la humanidad misma. Por eso no podemos quedarnos a nivel de análisis abstractos. Como recordó el Papa Francisco, debemos "tocar la carne" de quienes sufren:[193] mirar los rostros, escuchar las historias, reconocer las heridas. Los acontecimientos dolorosos necesitan tanto de historia como de memoria: la una para tratar de relatar los hechos, la otra para dar testimonio de lo vivido.

217. Dar espacio, en la información y en la educación, a la mirada y a la voz de las víctimas ayuda a tomar verdadera conciencia del abismo de maldad que encierra la guerra y, en general, toda forma de violencia; a no aceptar como normal la lógica del conflicto; a no apartar la mirada cuando se comete una afrenta contra la dignidad humana; y a devolver a las personas afectadas la dignidad de ser reconocidas y escuchadas.[194] La atención a estas voces alimenta la convicción de que, más allá de las minorías violentas, la humanidad no desea la guerra. La Iglesia puede ser de modo especial un lugar de memoria viva de las víctimas. Como recordaba san Pablo VI, ella siente que debe hacer suyas tanto la voz de los muertos de las guerras pasadas como la de los vivos que aún llevan sus heridas, para que su grito se convierta en un llamamiento a la paz y a la concordia, y no en un preludio de nuevos conflictos.[195]

---

[193] Cf. ID., Carta enc. *Fratelli tutti* (3 octubre 2020), 115: *AAS* 112 (2020), 1008-1009.

[194] Cf. *ibíd.*, 261: *AAS* 112 (2020), 1062.

[195] Cf. S. PABLO VI, *Discurso a la Asamblea General de las Naciones Unidas* (4 octubre 1965): *AAS* 57 (1965), 878-879.

218. Necesitamos un sano realismo, que evite tanto el idealismo político como el cinismo. De hecho, existe un idealismo que, para salvar su propia visión del mundo, selecciona los hechos, los manipula, los renombra y termina habitando una realidad construida a la medida de sus propias convicciones. Por otro lado, existe también un realismo degradado que confunde la constatación con la resignación: dado que la fuerza domina, concluye que debe dominar. El realismo auténtico no renuncia a cambiar el mundo: comienza por ver con claridad los intereses, los miedos, las limitaciones y las relaciones de poder, precisamente para calcular qué es posible lograr y con qué pasos. No reduce la política a la moralidad, pero tampoco la entrega a la violencia: busca modos viables para que la paz sea más que una palabra, es decir, instituciones creíbles, garantías verificables, negociaciones pacientes, prevención de conflictos y protección de los civiles.

Relanzar el diálogo

219. Para construir la civilización del amor debemos ejercitar el diálogo. Este es el principal instrumento de la convivencia entre las personas y entre los pueblos, y es la alternativa al conflicto abierto. Ya lo recordaba Pío XII en vísperas de la Segunda Guerra Mundial, cuando afirmaba que con la paz no se pierde nada, mientras que con la guerra todo se puede perder, y que los hombres deben volver a dialogar, porque un diálogo sincero y perseverante

abre siempre la posibilidad de una solución honorable.[196]

220. El diálogo es una dimensión ordinaria de la vida humana, y no se refiere únicamente a las relaciones entre los estados. Se trata de adquirir una actitud para construir lazos de fraternidad, hechos de escucha, de miradas sinceras, de tiempo dedicado, incluso de tiempo perdido juntos. Porque, si experimentamos el encuentro auténtico con el otro, el diferente, el extranjero, el migrante, se vuelve incluso mucho más difícil siquiera imaginar la guerra.

221. A nivel político, es urgente pasar de la "cultura del poder" a una auténtica "cultura de la negociación", en la que el diálogo y las relaciones diplomáticas se conviertan en la vía habitual para afrontar los conflictos, tal como deseaba Giorgio La Pira: «Al método de la guerra habrá que sustituirlo por el método de la paz: el método de la negociación, del encuentro, de la convergencia; ¡es decir, el método auténticamente humano!».[197] La conciencia de un destino común de los pueblos exige que la cultura de la negociación se convierta cada vez más en un compromiso compartido, político y cultural, capaz de alejar gradualmente a la humanidad de la espiral de la violencia.

---

[196] Cf. Pío XII, *Radiomensaje dirigido a los gobernantes y a los pueblos ante el inminente peligro de la guerra* (24 agosto 1939): *AAS* 31 (1939), 334.

[197] G. La Pira, *Reflexiones sobre el Concilio*. Discurso del Prof. Giorgio La Pira, Alcalde de Florencia, a las *Guides de France* (Roma, 4 septiembre 1962), Florencia 1962, 6.

222. A quienes tienen el honor y la responsabilidad de gobernar, quisiera repetir unas palabras que dije al inicio de mi Pontificado: «Los pueblos quieren la paz y yo, con el corazón en la mano, digo a los responsables de los pueblos: ¡encontrémonos, dialoguemos, negociemos! La guerra nunca es inevitable, las armas pueden y deben callar, porque no resuelven los problemas, sino que los aumentan; porque pasarán a la historia quienes siembran la paz, no quienes cosechan víctimas; porque los demás no son ante todo enemigos, sino seres humanos: no son malos a quienes odiar, sino personas con quienes hablar. Rechacemos las visiones maniqueas típicas de los relatos violentos, que dividen el mundo entre buenos y malos».[198]

223. Al rechazar la lógica de la violencia, el diálogo entre las religiones tiene un papel decisivo, porque en el centro de los grandes caminos espirituales se encuentra un mensaje de paz.[199] Quien utiliza el nombre de Dios para legitimar el terrorismo, la violencia o la guerra traiciona su rostro; luchar en nombre de la religión significa, en realidad, golpear a la religión misma.[200] El "espíritu de Asís", promovido por san Juan Pablo II y continuado en el compromiso del Papa Francisco —por ejemplo, en el diálogo con el Gran Imán

---

[198] *Discurso en el Jubileo de las Iglesias Orientales* (14 mayo 2025): *AAS* 117 (2025), 686.

[199] Cf. Francisco, Carta enc. *Fratelli tutti* (3 octubre 2020), 271: *AAS* 112 (2020), 1066.

[200] Cf. id., *Llamamiento de paz en Asís para la Jornada Mundial de Oración por la Paz. "Sed de paz. Religiones y culturas en diálogo"* (20 septiembre 2016): *AAS* 108 (2016), 1124.

de al-Azhar–, muestra que los creyentes pueden volver a beber de las fuentes más auténticas de sus tradiciones espirituales, donde no hay lugar para el odio sacralizado.

La necesidad de la diplomacia y el multilateralismo

224. En las relaciones internacionales, el diálogo es el instrumento insustituible de la diplomacia para prevenir los conflictos y restablecer los lazos de confianza. Frente a las comunicaciones impulsivas, las retóricas agresivas y las lógicas de poder que marcan nuestro tiempo, «la vocación de la diplomacia es aquella de favorecer el diálogo con todos, incluidos los interlocutores que se consideran más "incómodos" o que no se estiman legítimos para negociar»,[201] utilizando hasta el extremo la humildad y la paciencia para recuperar los más tenues signos de buena voluntad de las partes en conflicto, a fin de iniciar una pacificación.

225. También el ciberespacio se ha convertido en terreno de enfrentamiento: los ataques informáticos, la manipulación de datos y las campañas de influencia orquestadas con la ayuda de la IA pueden desestabilizar países enteros, incluso antes de que se llegue a un enfrentamiento armado abierto. En este ámbito, además, la atribución de responsabilidades es a menudo incierta: cuando no está claro quién ha atacado, crece el riesgo de reacciones desproporcionadas,

---

[201] ID., *Discurso al Cuerpo Diplomático acreditado ante la Santa Sede para la presentación de las felicitaciones de año nuevo* (9 enero 2025): *AAS* 117 (2025), 110.

errores de evaluación y espirales de escalada. Por eso hace falta una diplomacia capaz de operar también en este nuevo entorno, negociando reglas compartidas sobre el uso de las tecnologías digitales, protegiendo a los civiles y a los más vulnerables de formas de violencia invisibles, pero no por ello menos reales.

226. Las organizaciones internacionales, en particular la ONU, siguen siendo instrumentos esenciales para promover una civilización del amor, al apoyar el diálogo entre las naciones, la solución pacífica de los conflictos, el desarrollo integral de los pueblos, la protección de las personas más vulnerables, el desarme y el cuidado de la creación. A través de estas instancias, la comunidad internacional puede tratar de reducir las desigualdades, defender los derechos de los refugiados y de las minorías, liberar recursos destinados al armamento para destinarlos a la promoción humana y proteger la Casa común. La Santa Sede apoya y acompaña este compromiso, aunque reconoce que la actual debilidad de la ONU y del sistema político internacional revela la necesidad de reformas profundas: no se trata solo de ajustes técnicos, porque la crisis de convicciones y de valores afecta también a los fundamentos éticos de la vida de las naciones y dificulta orientar el multilateralismo hacia el verdadero bien común.[202]

227. En el contexto internacional, la diplomacia de la Santa Sede asume el principio evangélico de

---

[202] Cf. ID., *Discurso en la 38ª Sesión de la FAO* (20 junio 2013): *AAS* 105 (2013), 616-617.

la misericordia como criterio concreto de la acción política. Es una de las formas en que la Santa Sede se pone al servicio de la humanidad, llamando a las conciencias a la caridad y a la verdad, defendiendo la dignidad de cada persona y haciéndose voz de los pobres, de los migrantes y de las víctimas de las guerras. De este modo, la diplomacia pontificia expresa la catolicidad de la Iglesia y contribuye a la construcción de una civilización del amor en la que también las nuevas tecnologías estén orientadas al bien común.

Orar y esperar

228. Estas vías de compromiso se nutren de la oración y la alimentan. Para nosotros, en efecto, la paz, ante todo, «proviene de Dios, Dios que nos ama a todos incondicionalmente».[203] Es un don entregado por Jesús a sus discípulos el día de Pascua: «¡La paz esté con ustedes! Esta es la paz de Cristo resucitado, una paz desarmada y una paz desarmante, humilde y perseverante».[204] Con estas palabras saludé a la Iglesia y al mundo el día de mi elección a la Sede de Pedro, y deseo repetirlas para invitar a todos a pedir este don. No nos cansemos de orar por la paz y de comprometernos a hacerla realidad en nuestras relaciones y en la sociedad.

---

[203] *Primera Bendición "Urbi et Orbi"* (8 mayo 2025): *AAS* 117 (2025), 660.
[204] *Ibíd.*

CONCLUSIÓN

229. «Que cada cual se fije bien de qué manera construye» (*1 Co* 3,10): son palabras de san Pablo, que exhorta a los cristianos de Corinto a custodiar la unidad. Amadísimos hermanos y hermanas, nos hemos interrogado sobre el mundo que estamos construyendo, preguntándonos qué significa custodiar a la persona humana en el tiempo de la IA. Al final de este camino, deseo entregarles un itinerario de vida cristiana sobrio y exigente con el cual vivir este cambio de época a la luz del Evangelio. Es un camino que nace de la contemplación del designio de Dios, vive la unidad eclesial nutriéndose de la Palabra y de la Eucaristía, construye el bien en el mundo y ora junto con la Virgen María.

El Verbo se hizo carne

230. En un mundo atravesado por tantas maniobras que apuntan a conquistar mercados y espacios de influencia, a menudo revestidas de retórica tranquilizadora y construcciones ideológicas seductoras, nuestro corazón siente la necesidad de descubrir un proyecto diferente, sabio y benévolo, semejante al que María contempla en el *Magníficat*, cuando proclama que la misericordia de Dios se extiende de generación en generación sobre

aquellos que le temen.[205] Este designio de misericordia atraviesa la historia también hoy, dentro de los cambios más rápidos y frenéticos marcados por los algoritmos y las redes globales, y se convierte en la brújula para orientar una existencia evangélica en la era digital.

231. En el centro está el misterio de la Encarnación: el Verbo se hizo carne y puso su morada entre nosotros. La carne del Hijo, pobre y vulnerable, evoca la carne de tantos hermanos y hermanas despojados de su dignidad y reducidos al silencio.[206] Y a través de esta cercanía, el don de la paz entra en el mundo de modo paradójico: como el poder de llegar a ser hijos de Dios, que se aviva cuando nos dejamos conmover por el llanto de los pequeños, por la fragilidad de los ancianos, por el silencio de las víctimas, por el esfuerzo de quienes luchan contra el mal que no querrían hacer.[207] En esta carne herida y amada, el Padre nos muestra la verdadera humanidad de una vida que se realiza en la apertura y en la comunión, hasta el punto de hacernos desear que su voluntad se cumpla en la tierra como en el cielo.[208]

---

[205] Cf. *Homilía en las Primeras Vísperas de la Solemnidad de Santa María Madre de Dios* (31 diciembre 2025): *L'Osservatore Romano*, ed. en lengua española, enero 2026, 26-27.

[206] Cf. *Homilía de la Misa del día en la Solemnidad de la Natividad del Señor* (25 diciembre 2025): *L'Osservatore Romano*, ed. en lengua española, enero 2026, 17-18.

[207] Cf. *ibíd.*

[208] Cf. *Ángelus en la Solemnidad de la Epifanía* (6 enero 2026): *L'Osservatore Romano*, ed. en lengua española, enero 2026, 34-35.

232. En las promesas del transhumanismo y de algunas corrientes posthumanistas, que persiguen una humanidad potenciada y casi desencarnada, reconocemos un deseo que nos interpela: la necesidad de una vida más plena, menos expuesta a la fragilidad y al sufrimiento. Pero la Encarnación abre un camino diferente. Mientras las ideologías antiguas y nuevas empujan al hombre a la superación técnica del límite y a elevarse por encima de los demás para afianzar un dominio, el misterio del Hijo de Dios que entra en nuestra condición narra un movimiento opuesto: el Dios vivo que desciende a nuestra historia para liberarnos de toda esclavitud,[209] asume nuestra debilidad y la transforma en lugar de salvación. No hay un momento ni una condición humana que no sea digno de Dios: «De manera que tenemos, como nos enseña nuestra fe y dilucidamos en nuestros misterios, a Dios que nace en la cuna, un Dios que vive y viaja por Judea, un Dios que muere en la cruz y un Dios muerto y sepultado».[210] El futuro de la humanidad encuentra así su criterio en la capacidad de acoger este modo divino de hacerse cercano, de compartir el peso del mundo, de transformar las relaciones desde dentro. ¡Qué maravilla!, «este hombre es Dios, y Dios-Hombre pasa por estos escalones, los santifica y deifica en sí mismo!».[211] Lo que salva al hombre es el amor

---

²⁰⁹ Cf. *Homilía de la Santa Misa de la noche en la Solemnidad de la Natividad del Señor* (24 diciembre 2025): *L'Osservatore Romano*, ed. en lengua española, enero 2026, 14-16.

²¹⁰ P. DE BÉRULLE, *Discursos y elevaciones: Discursos sobre el estado y las grandezas de Jesús, Elevación sobre la gracia de Dios en Magdalena, Escritos breves*, Madrid 2003, 77.

²¹¹ *Ibíd.*

divino que desciende hasta el punto más frágil de su historia y la regenera desde lo profundo.

233. Por eso, como creyente entre creyentes, invito a contemplar en el rostro del Hijo una *magnífica humanidad* que también ilumina la época de la IA. En Cristo comprendemos que el hombre está llamado a ser colaborador en la obra de la creación, y no espectador resignado ante los procesos tecnológicos que limitan su libertad y su responsabilidad.[212] La dignidad que el Espíritu Santo esculpe en cada uno de nosotros se reconoce también en la capacidad de reflexionar críticamente, de elegir y amar gratuitamente, y de establecer relaciones auténticas. Ningún sistema de cálculo, por sofisticado que sea, genera un corazón que se entrega, ni una conciencia capaz de discernir el bien. Incluso cuando las máquinas sobresalen en eficiencia, el centro de la historia sigue siendo un rostro humano que exige ser contemplado. Este rostro humano es la plenitud hacia la que camina la historia. Es el misterio de la recapitulación, la certeza de que el Padre ha establecido recapitular en Cristo –única Cabeza– todas las cosas, las del cielo y las de la tierra (cf. *Ef* 1,10). En este designio, nada de lo que es verdaderamente humano se perderá, sino que todo será purificado y reunido en Aquel que recoge cada fragmento de vida, cada lágrima y cada auténtica conquista humana para sustraerlos de la nada y entregarlos, redimidos, al Padre.

---

[212] Cf. *Discurso en la Conferencia "Inteligencia artificial y cuidado de la Casa común"* (5 diciembre 2025): *L'Osservatore Romano*, 5 diciembre 2025, 2.

234. La espiritualidad que necesitamos es una espiritualidad eucarística, es decir, una espiritualidad de la unidad eclesial en el amor. La Encarnación y la Pascua revelan a Dios que entra en nuestra condición humana y la transfigura en el don de sí mismo. Este don permanece presente y operante en la Eucaristía, en la cual el Señor se comunica y reúne a la Iglesia, para que su entrega se convierta en principio de unidad y fuente de vida nueva. De esta comunión nace también la solidaridad cristiana, porque la «unión con Cristo es al mismo tiempo unión con todos los demás a los que él se entrega».[213] Como explica san Agustín a los nuevos cristianos de su Iglesia, el pan y el vino sobre el altar son el sacramento de la unidad de los fieles en Cristo: «Lo que vemos tiene aspecto corporal; lo que entendemos, fruto espiritual. Por tanto, si quieres entender el cuerpo de Cristo, escucha al Apóstol que dice a los fieles: *Vosotros sois el cuerpo de Cristo y sus miembros* (*1 Co* 12,27). En consecuencia, si vosotros sois el cuerpo de Cristo y sus miembros, sobre la mesa del Señor está puesto el misterio que vosotros mismos sois: recibís el misterio que sois vosotros. A eso que sois, respondéis "Amén", y al responder (así) lo rubricáis. Escuchas, pues: "Cuerpo de Cristo", y respondes: "Amén". Sé miembro del cuerpo de Cristo, para que tu "Amén" responda a la verdad».[214]

---

[213] Benedicto XVI, Carta enc. *Deus caritas est* (25 diciembre 2005), 14: *AAS* 98 (2006), 228.

[214] S. Agustín, *Sermón 272, Alocución a los neófitos: PL* 38, París 1865, col. 1247.

235. El "Amén" que decimos en la liturgia, el Cuerpo que comemos y la Sangre que bebemos, dan forma a toda nuestra vida. La Eucaristía «es el encuentro personalísimo con el Señor y, sin embargo, nunca es un mero acto de devoción individual».[215] En ella se muestra visiblemente que nosotros «somos la Iglesia de Cristo, somos sus miembros, su cuerpo. Somos hermanos y hermanas en Él. Y en Cristo, aun siendo muchos y diferentes, somos uno: *In Illo uno unum*».[216] La Eucaristía nos mueve a la justicia y al compartir, con una atención preferencial hacia quienes sufren el peso de la pobreza y de la marginación. Y mientras las nuevas redes económicas y tecnológicas pueden generar exclusión, aislamiento y dependencias, la Iglesia, alimentada por la Eucaristía, está llamada a hacer visible otro tipo de medida, custodiando los vínculos, devolviendo la voz a los invisibles y orientando los procesos hacia la dignidad de las personas.

La obra de nuestro tiempo

236. La espiritualidad que deseo entregar es la del "arquitecto sabio" que, animado por la esperanza en el Reino de Dios, se compromete a construir el bien en el mundo (cf. *1 Co* 3,10). Como escribí al comienzo de esta reflexión, [217] hoy nuestra edificación debe tener como fundamento la relación

---

[215] BENEDICTO XVI, *Homilía en la Misa de la Cena del Señor* (21 abril 2011): *AAS* 103 (2011), 321.

[216] *Discurso a la Curia Romana en ocasión del saludo de Navidad* (22 diciembre 2025): *L'Osservatore Romano*, ed. en lengua española, enero 2026, 10.

[217] Cf. *supra*, nn. 11-14.

con Dios, como norma la aceptación del límite humano en cuanto realidad natural y positiva, y como estilo la corresponsabilidad y el lenguaje evangélico. Al final del camino, el proyecto de una civilización del amor se perfila más claramente y la obra se muestra ya iniciada, sobre todo gracias a tantas piedras vivas sólidamente unidas en Cristo, la piedra angular (cf. *1 P* 2,4-6). En esta obra estamos llamados a asumir un papel activo, sin refugiarnos en el espiritualismo ni en nuestros pequeños mundos: debemos ser fieles a la verdad, invertir en la educación, cuidar las relaciones, y amar la justicia y la paz.

237. ¡Permanezcamos fieles a la verdad! Viviendo inmersos en flujos incesantes de información, opiniones e imágenes, sabemos lo fácil que es influir en decisiones y preferencias a través de algoritmos cada vez más sofisticados.[218] En este escenario es importante custodiar un corazón que ama la verdad, que desea lo justo más que los contenidos de mayor atractivo, que busca la sabiduría más que el impacto inmediato. La verdad que no debemos perder es la de Dios y la del ser humano, tal como Cristo nos la ha revelado. Es necesario abandonar una visión del hombre individualista y técnica, como si la realidad fuera solamente materia para modelar con base en intereses egoístas, tanto individuales como de grupo.[219] Cultivemos en cambio lo que el Papa Francisco ha definido como un

---

[218] Cf. *Discurso en la Conferencia "La dignidad de los niños y adolescentes en la era de la IA"* (13 noviembre 2025): *L'Osservatore Romano*, 13 noviembre 2025, 3.

[219] Cf. BENEDICTO XVI, Carta enc. *Caritas in veritate* (29 junio 2009), 34: *AAS* 101 (2009), 668-670.

«antropocentrismo situado»,[220] que reconoce al ser humano como criatura inserta en una trama de relaciones con los demás seres vivos y con la totalidad de la creación. La fidelidad a la verdad exige integrar las posibilidades que ofrece la técnica en un camino de sabiduría, capaz de custodiar juntos la dignidad de cada persona y el futuro de nuestra Casa común.

238. ¡Invirtamos en la educación que empieza por nosotros mismos! Todos necesitamos formarnos para vivir en el mundo digital de manera humana, como parte integrante de la educación en la fe y en la vida virtuosa del Evangelio. Debemos educarnos para considerar el mundo digital como un nuevo continente por evangelizar, que requiere misioneros generosos y maduros en la fe. De modo particular, además, se necesitan adultos que redescubran su vocación de artesanos de la educación, dispuestos a un trabajo diario, paciente y sostenido por amplias y compartidas alianzas educativas. Acompañar a los niños y jóvenes para que utilicen las tecnologías como espacio de relación responsable, ayudándoles a reconocer los riesgos y a elegir lo que hace crecer la libertad interior, representa hoy una forma concreta de caridad y de salvaguardia de su dignidad. Educar a las nuevas generaciones para que logren creer que la evolución de las tecnologías no sigue un camino inevitable –sino que puede estar orientada por la responsabilidad personal y colectiva– constituye uno de los servicios más valiosos al bien común.

---

[220] FRANCISCO, Exhort. ap. *Laudate Deum* (4 octubre 2023), 67: *AAS* 115 (2023), 1059.

239. ¡Cuidemos las relaciones! En una época que tiende a acelerar y a fragmentar, la carne humana sigue pidiendo ser cuidada y reconocida por manos capaces de ternura, por mentes atentas y buenas palabras. La cultura digital multiplica las conexiones y ofrece nuevas posibilidades de encuentro; sin embargo, el corazón humano conserva una necesidad irrenunciable de proximidad. Invito a salvaguardar los espacios y los momentos en que la presencia física sigue siendo decisiva: la mesa compartida, la comunidad cristiana que se reúne, la visita a quien está solo, el servicio a los pobres. Son signos de una humanidad que sigue creyendo que cada cuerpo es templo del Espíritu y casa de Dios, y precisamente esta alianza entre gloria y fragilidad se convierte en criterio para evaluar los modelos antropológicos propuestos por la cultura actual.

240. ¡Amemos la justicia y la paz! Las mismas tecnologías que facilitan la comunicación y el acceso a los recursos pueden sustentar modelos que explotan a los más vulnerables, alimentan nuevas esclavitudes y transforman el conflicto en oportunidad de lucro. Cada decisión técnica o económica se convierte en un punto de discernimiento espiritual, una ocasión para verificar si los avances de la IA abren espacios de justicia y participación o concentran la riqueza y el poder en manos de unos pocos. Invito a mirar con lucidez las redes de producción digital, las condiciones de trabajo ocultas detrás de nuestros dispositivos, los mecanismos que se aprovechan de la manipulación y la guerra y, al mismo tiempo, a buscar vías concretas para hacer crecer la equidad, la participación y el cuidado de la creación. «La esperanza que anunciamos [ ] viene del

cielo, pero para generar aquí abajo una historia nueva»: precisamente por esto quien cree se compromete para que, en lugar de las desigualdades, haya más justicia y para que «en vez de la industria de la guerra se afirme la artesanía de la paz».[221]

241. Mirando al mañana, deseo evocar la imagen de Nehemías, que al comienzo de este itinerario elegimos como compañero y guía. Nehemías escucha el grito de una ciudad herida, lleva ese dolor a la oración, discierne ante Dios, pide ayuda, obtiene permiso para ponerse en marcha, organiza el trabajo, afronta resistencias internas y externas y, ladrillo tras ladrillo, reconstruye con el pueblo las murallas de Jerusalén. En él reconozco una parábola luminosa de nuestra vocación a ser, en el tiempo de la transformación digital, no espectadores resignados a las fracturas sociales y culturales, ni simples comentaristas de las ruinas, sino mujeres y hombres que entran en las obras de la historia –laboratorios de investigación, empresas tecnológicas, escuelas, medios de comunicación, instituciones, comunidades locales– para levantar lo que se ha derrumbado y proteger lo que está expuesto. Como Nehemías, también nosotros estamos llamados a unir escucha y valentía, oración y responsabilidad, para que la ciudad de los hombres se vuelva más habitable, incluso cuando las lógicas tecnocráticas y los intereses partidistas parecen prevalecer.

242. La imagen de la reconstrucción de Jerusalén evoca la promesa del Nuevo Testamento, de la ciudad santa que nos es dada ante todo como

---

[221] *Ángelus en la Solemnidad de la Epifanía* (6 enero 2026): *L'Osservatore Romano*, ed. en lengua española, enero 2026, 34-35.

un don. En el Apocalipsis, la nueva Jerusalén desciende hacia nosotros como don para todo el Pueblo de Dios, «embellecida como una novia preparada para recibir a su esposo» (*Ap* 21,2). Los muros de Jerusalén ya no son fortificaciones para la defensa, sino adornos preciosos de la Esposa del Cordero. Sus puertas, que Nehemías protegía con tanta atención, se mantienen permanentemente abiertas a todas las naciones. La presencia de Dios ofrece a todos luz y vida. La ciudad es un nuevo Edén, con su agua viva donada a los sedientos y con su árbol de la vida, cuyas hojas sirven «para curar a los pueblos» (*Ap* 22,2). En espera de su plenitud, esta visión está ante nosotros como una exhortación, un llamado a superar nuestras divisiones y a trabajar juntos: este es el camino de Jesucristo, ayer, hoy y siempre.

El canto de la esperanza: el "Magníficat"

243. El cuarto punto de este programa de vida cristiana –después de la fe que contempla el designio de amor del Padre, la caridad que nos une en un único cuerpo eclesial y la esperanza que sostiene nuestra acción en el mundo– es la oración. El cántico de María acompaña nuestro compromiso. Ante Isabel, que le anuncia que se ha convertido en la madre del Señor, María prorrumpe en un himno de alabanza y de alegría: su alma proclama la grandeza del Señor y su espíritu exulta en Dios su Salvador, porque Él eligió a una joven pobre y pequeña para su plan de salvación. De repente, María ve toda la historia con los ojos de este descubrimiento. Nada ha cambiado a su alrededor: la situación sociopolítica de su época

sigue siendo la misma, con los romanos que dominan su tierra y su pueblo dividido y humillado. Sin embargo, todo ha cambiado dentro de ella, y eso le permite ver lo invisible. Dios *ya* ha hecho proezas con el poder de su brazo, *ya* ha dispersado a los soberbios, ha derrotado a los poderosos, ha elevado a los humildes, ha colmado de bienes a los hambrientos y ha despedido a los ricos con las manos vacías. Él *ya* ha auxiliado a Israel, su siervo. Dios «se pone de parte de los últimos. Su proyecto a menudo está oculto bajo el terreno opaco de las vicisitudes humanas, en las que triunfan "los soberbios, los poderosos y los ricos". Con todo, está previsto que su fuerza secreta se revele al final».[222]

244. La Virgen María no solo nos enseña a ver la obra invisible de Dios, sino que dirige también nuestra mirada «a los puntos de fractura de la humanidad, allí donde se produce la distorsión del mundo, en el contraste entre humildes y poderosos, entre pobres y ricos, entre sacios y hambrientos», enseñándonos «a adquirir un punto de vista diferente para mirar el mundo desde abajo, con los ojos de quien sufre, no con la óptica de los potentes; para ver la historia con la mirada de los pequeños y no con la perspectiva de los poderosos; para interpretar los acontecimientos de la historia desde el punto de vista de la viuda, del huérfano, del extranjero, del niño herido, del exiliado, del fugitivo».[223] De esta manera, la Virgen se

---

[222] Benedicto XVI, *Catequesis* (15 febrero 2006): *L'Osservatore Romano*, ed. en lengua española, 7-17 febrero 2006, 12.

[223] *Meditación del Rosario por la paz durante el Jubileo de la Espiritualidad Mariana* (11 octubre 2025): *L'Osservatore Romano*, ed. en lengua española, noviembre 2025, 19-20.

convierte en «poetisa y profetisa de la redención», porque de sus labios brota «el himno más fuerte e innovador que jamás se haya pronunciado, el Magníficat; es ella quien revela el diseño transformador de la economía cristiana, el resultado histórico y social, que aún hoy deriva del cristianismo su origen y su fuerza».[224]

245. Con la misma fe de María, convirtámonos en tejedores de esperanza en nuestro mundo, compartiendo lo que somos y lo que tenemos, para que la presencia de Jesús crezca entre nosotros y su Reino tome forma. En la fidelidad humilde de cada día, también el tiempo de la IA puede ser un paso en el que el Espíritu haga madurar la civilización del amor en nuestras vidas; el Señor sigue haciendo nuevas todas las cosas y mantiene abierta para cada época la posibilidad de convertirse en historia de salvación a la luz de la Encarnación. Encomiendo este deseo a la Madre de Cristo, a la mujer del *Magníficat*, para que acompañe nuestros pasos en el presente que cambia y custodie en cada uno de nosotros la confianza en el Evangelio, de modo que podamos testimoniar la belleza de una magnífica humanidad habitada por Dios.

Dado en Roma, junto a San Pedro, el 15 de mayo del año 2026, segundo de mi Pontificado.

Leo P.P. XIV

---

[224] S. Pablo VI, *Homilía en el Santuario mariano de Nuestra Señora de Bonaria* (24 abril 1970): *AAS* 62 (1970), 301.